教育現場をセーフ・ゾーンにするために

LGBTQ+の児童・生徒・学生への支援

葛西真記子 編著

誠信書房

まえがき

葛西真記子

　セクシュアル・マイノリティ，LGBT，SOGI，レインボープライド，（企業における）ダイバーシティ，同性パートナーシップ条例等，多様な性に関するさまざまな事柄をニュース等のメディアで目にする機会が，ここ数年で大きく増加した。また，学校現場においては，文部科学省からのセクシュアル・マイノリティの児童生徒学生への配慮ある対応を求めた通知（文部科学省，2010，2015）が出され，2016年には，教職員のための児童生徒への対応に関する手引きが作成された。そして，これらは各教育委員会，各学校に通達されたはずである。

　しかし，現状としてどのくらいの学校がセクシュアル・マイノリティに関して積極的に取り組んだり，児童生徒へ配慮ある言動をしたりしているのだろうか。ある学校の校長は，「うちの学校には性同一性障害の生徒はいないので，今，やる必要はないと思う」と言っていた。この発言にはいくつか間違っているところがある。

　まず，セクシュアル・マイノリティ＝性同一性障害だという誤った知識をもっている点，次に，性同一性障害（現在は性別違和）というのは診断名であり，医師によってのみなされるものであるため，教員が判断するものではない，という点，また，「セクシュアル・マイノリティの生徒はいない」ということはありえず，さまざまなデータからも5％から8％のセクシュアル・マイノリティの当事者が日本に今現在，存在しているのである。確かに，小学生や中学生の中には，まだ自分自身の性指向や性自認をはっきりと認識していない子どもたちもいるだろう。しかし，はっきり認識していなくても，「なんか他の子どもたちと違う」と感じている児童生徒はたくさんいるだろう。また，それは，都会だけなどではなく，日本全国に存在している（久保・葛西，2011）。

最後に，「いないのでやる必要がない」についてであるが，いないかもしれないと仮定したとしても（それはありえないが），学校現場というのは，これまでの長い歴史の中で，「男の子は男らしく」「女の子は女らしく」と教え，「不純異性交遊」を禁止するなど，「シスジェンダー」「異性愛」が中心の社会であった。つまり，セクシュアル・マイノリティや性の多様性について何も対応しないということは，これらの価値観が正しいという教育をしていることになる。何が正常で，何が普通なのかということ，つまり性別に違和感がなく，異性を好きになるという性的多数派だけが正常で，普通であるという誤った知識を，子どもたちは知らず知らずのうちに学んでしまう。

海外の研究では，その学校の風土や教員の態度が多様性を受け入れるものであれば，同性愛に対する否定的な態度や発言も少なく（Poteat et al., 2013），セクシュアル・マイノリティに関することだけでなく，学業成績の高さやいじめの少なさにも関係がある（Patrick et al., 2007；Salmivalli & Voeten, 2004）ということが示されている。また，教員だけなく，児童生徒たちが同性愛に対して否定的であれば，それはさまざまな形の暴力（いじめ，生徒間暴力，身体的・言語的暴力等）とも関連することが示されている（Poteat, & Espelage, 2005；Poteat, & Rivers, 2010）。

日本においては，「LGBTの学校生活に関する実態調査」（2013）で，「LGBTをネタとしたからかいを見聞きしたことがあるか」という問いに84％の児童生徒が「ある」と答え，実際に「LGBTをネタとしたいじめを受けたことがあるか」には，65％が「ある」と答えている。そして，2015年の「LGBTに対するいじめ」の調査では，8割の方々がいじめを受けた経験があり，そのうちの3割は教員からの暴言であり，周囲の教員の6割が暴言に対して無反応・無対応であったとのことである。

つまり，先の海外の研究も合わせて考えると，現在の日本の学校現場においては，意識の高い教員も存在しているが，大多数の教員は，セクシュアル・マイノリティに対してあまり知識をもたず，児童生徒に対してどのように対応すればいいのかわからず，「何もしない」ということになっていると思われる。本書は，セクシュアル・マイノリティの児童生徒学生だけでなく，誰もが自分自身の多様性を受け入れてもらえるような学校・社会になるための

一助となることを目指している。

　まず，現在，性的多数派ではない人々について，セクシュアル・マイノリティ，LGBT，SOGI，多様な性などさまざまな言葉で表現されているため，本書では，「LGBTQ＋」で統一したいと思う。

　「セクシュアル（性的）・マイノリティ（少数者）」という表現は，多数者対少数者という構図になりがちで，それは多数派の人が少数派の人を救う，助ける，支援するというようなものである。「LGBT」は文字通りレズビアン（lesbian），ゲイ（gay），バイセクシュアル（bisexual），トランスジェンダー（transgender）の方々しか含まれておらず，それ以外の，エイセクシュアル／アセクシュアル（asexual），ノンセクシュアル（nonsexual），クィア（queer），クエスチョニング（questioning），エックスジェンダー（Xgender），パンセクシュアル（pansexual）などなど，さまざまなセクシュアリティ，ジェンダーの方々が入っていないので，不十分である。「SOGI」は，海外ではかなり使用されるようになってきた用語であり，性指向（sexual orientation）と性自認（gender identity）の頭文字をとったものである。異性愛・同性愛・両性愛などさまざまな性指向と，トランスジェンダー（transgender）とシスジェンダー（cisgender）など自分自身の性別に関する性自認を含むので，適切な用語であるが，まだあまり日本で使用されていない。「多様な性」は，多数派も少数派も含めた用語で，多数派の中にもさまざまな多様性があるので，誰もが自分のこととして考えられるため適切な用語であるが，多様な性という用語だけでは，さまざまな性指向，性自認について中心的に述べているということが伝わりにくい。その他にもノンバイナリー（nonbinary），ジェンダー・ノンコンフォーミング（gender nonconforming），ジェンダー・クィア（gender queer）など，さまざまな用語が使用されることがあるが，本書では，「LGBTQ＋」で述べていきたいと思う。上記のLGBTに加え，クィア（queer），クエスチョニング（questioning）とそれ以外の方々をプラス（＋）した用語である（ただし，引用の場合は，もとの文章の表記をそのまま用いている）。この用語もさらに適切な用語が誕生すれば，それに変更されることを望んでいる。ここで使われているようなジェンダーやセクシュアリティにまつわる用語については，巻末に解説を付した。ご参照いただきたい。

また，第3章においても，「さまざまなセクシュアリティについて理解する」ということで，さまざまな用語や概念について説明しているので，これらの用語になじみのない方は，まず第3章を読まれることをおすすめする。

本書の第I部は「教育現場とLGBTQ＋」ということで，第1章と2章では，教育現場の現状，教員の意識変容をどう行えば効果的かについて，第3章では，さまざまなLGBTQ＋の概念について，第4章では，LGBTQ＋と発達障害の関連，第5章では，LGBTQ＋には含まれないが，関連のある身体のさまざまな発達であるDSDsについて，第6章では，LGBTQ＋当事者の家族支援のあり方について，第7章では，海外の学校現場でどのように，LGBTQ＋への対応や，学校全体の取り組みが行われているかについて述べている。

第II部では「発達段階に応じた対応と授業」ということで，小学校（第8章）。中学校（第9章），高等学校（第10章），大学（第11章）とそれぞれの段階に応じた対応や授業，学校全体として取り組めることについて述べている。

教員の皆さんは，ご自身の勤めている学校がLGBTQ＋に理解ある学校なのか考えるために，相談担当者の方は，それぞれの発達段階に応じた対応や，本人，家族への支援をどう行ったらいいのかについて知るために，これから教員やカウンセラーを目指している方々は，そのために必要な知識とスキルを得るために，当事者・支援者の方々は，周りの環境を変えるための指針として，本書が役に立つことを願う。

文　献

久保祐子・葛西真記子（2011）性同一性障害者における多様な性に関する研究，日本心理臨床学会第30回大会発表論文集.

文部科学省（2010）児童生徒が抱える問題に対しての教育相談の徹底について（通知）.（事務連絡）

文部科学省（2015）性同一性障害に係る児童生徒に対するきめ細かな対応の実施等について.（27文科初児生第3号）

Patrick, H., Ryan, A., & Kaplan, A. (2007) Early adolescents' perceptions of the classroom social environment, motivational beliefs, and engagement. *Journal of Educational Psychology*, **99**, 83-98.

Poteat, V. P., DiGiovanni, C. D., & Scheer, J. R.(2013)Predicting homophobic behavior among heterosexual youth : Domain general and sexual orientation-specific factors at the individual and contextual level. *Journal of Youth and Adolescence*, **42**, 351-362.

Poteat, V. P. & Espelage, D. L. (2005) Exploring the relation between bullying and homophobic verbal content: The Homophobic Content Agent Target (hCAT) Scale. *Violence and Victim*, **20**, 513-528.

Poteat, V. P. & Rivers, I. (2010) The use of homophobic language across bullying roles during adolescence. *Journal of Applied Developmental Psychology*, **31**, 166-172.

Salmivalli, C. & Voeten, M. (2004) Connection between attitudes, group norms, and behavior in bullying situations. *International Journal of Behavioral Development*, **28**, 246-258.

目　次

まえがき　*iii*

第Ⅰ部　教育現場とLGBTQ＋

第1章　教育現場におけるLGBTQ＋ ——————— 3

Ⅰ　はじめに　3
Ⅱ　現在の学校現場　3
Ⅲ　文部省・文部科学省によるLGBTQ＋の記述の変遷　4
Ⅳ　文部科学省による対策　6
Ⅴ　教員の意識　8
Ⅵ　いじめ・不登校について　9
Ⅶ　教える時期　11
Ⅷ　どのように教えるのか　12
Ⅸ　おわりに　14

第2章　教員の意識変容と啓発をどう行うか ——————— 17

Ⅰ　はじめに　17
Ⅱ　学校現場の実際　17
Ⅲ　教員が抱いている誤解　19
Ⅳ　教員や心理カウンセラーにとって必要なこと　21
Ⅴ　教員や心理カウンセラー対象のプログラム　23
Ⅵ　プログラムの効果とマイノリティ共感　27
Ⅶ　おわりに——LGBTQ＋に肯定的で安全な環境をつくるために必要な
　　こと　28

第3章　さまざまなセクシュアリティについて理解する ——— 31

Ⅰ　はじめに　31
Ⅱ　セクシュアリティを構成する要素　32
Ⅲ　さまざまなセクシュアリティの名前　37

x

 IV 無限に広がるセクシュアリティ　40
 V 「LGBTQ＋」の病理化と排除　41
 VI セクシュアリティの不確実性，流動性　46
 VII おわりに　49

第4章　LGBTQ＋と発達障害―――――――――――――――52

 I はじめに　52
 II 発達障害とセクシュアリティの困難さを抱えた事例から考える　54
 III 発達障害とは　56
 IV 発達障害とLGBTQ＋　59
 V 事例から考える――その後　63
 VI 学校現場で求められること　65
 VII おわりに　66

第5章　DSDs：体の性のさまざまな発達の基礎知識と学校対応―――――――――――68

 I はじめに　68
 II DSDsの基礎知識　68
 III DSDsをもつ児童生徒学生への対応　76
 IV おわりに――性を，人を大切にするとはどういうことか？　82

第6章　LGBTQ＋の家族支援―――――――――――――85

 I はじめに　85
 II 当事者のカミングアウトと家族　86
 III アイデンティティ形成から見たセクシュアリティ理解　87
 IV 対象喪失という視点から見たセクシュアリティ受容　93
 V 中年期女性のアイデンティティ危機と多様なセクシュアリティ　94
 VI カミングアウトと親子関係　96
 VII 家族理解と支援のあり方　99
 VIII メディアによる知識伝播の意義　101
 IX LGBTQ＋親子並行面接における心理カウンセラーの中立性　103
 X おわりに　105

目 次 *xi*

第7章　海外の学校における LGBTQ＋への対応 ————— 107

Ⅰ　はじめに　107
Ⅱ　アメリカの学校における LGBTQ＋への対応　107
Ⅲ　その他の国の取り組み　116
Ⅳ　LGBTQ＋に関連する学校内外でのいじめ　122
Ⅴ　おわりに　122

第Ⅱ部　発達段階に応じた対応と授業

第8章　小学校における LGBTQ＋への対応と授業
——「自分らしさ」を認め合う仲間づくり————— 129

Ⅰ　はじめに　129
Ⅱ　教師の意識を変える　129
Ⅲ　学級経営の中で児童をサポートする　131
Ⅳ　授業で考える多様性——学習指導例　134
Ⅴ　多様性を組織で支える　141
Ⅵ　おわりに　142

第9章　中学校における LGBTQ＋への対応と授業
——多様性への扉を開く————————————— 144

Ⅰ　はじめに　144
Ⅱ　生徒と教師の実態　144
Ⅲ　授業における具体的な取り組み　149
Ⅳ　おわりに　160

第10章　高等学校における LGBTQ＋への対応と授業
——チェックリストとエクササイズの提案————— 164

Ⅰ　はじめに　164
Ⅱ　学校の対応——チェックリストの活用　164
Ⅲ　教育実践——カリキュラムと実施者　168
Ⅳ　教室内で行うエクササイズ　171

Ⅴ　おわりに　179

第11章　大学における LGBTQ＋への対応
──3つの壁をのりこえる────────── 182

Ⅰ　はじめに　182
Ⅱ　事例から見る LGBTQ＋の大学生の自己形成と大学の支援　183
Ⅲ　大学における LGBTQ＋支援とは　189
Ⅳ　大学における心理カウンセラーの役割　198
Ⅴ　おわりに　198

用語一覧　201
あとがき　204

第Ⅰ部

教育現場とLGBTQ＋

第1章

教育現場における LGBTQ＋

葛西真記子

I　はじめに

　LGBTQ＋に対する社会の認識も高まりつつあり，学校現場においては，LGBTQ＋の児童生徒への配慮ある対応が文部科学省から求められるようになってきた（文部科学省，2010，2015）。また，2014年に文部科学省から出された「性同一性障害に係る対応に関する状況調査より」では，学校現場において全国で606人の児童生徒へ何らかの対応をしたことが報告された。さらに文部科学省は，2017年に，「いじめ防止対策推進法」に基づく「いじめの防止等のための基本的な方針」の改訂を行い，性指向・性自認に関する記載を盛り込んだ。

II　現在の学校現場

　しかし，LGBTQ＋当事者の児童生徒学生にとって，いまだに学校は必ずしも安全な場所にはなっていない。2015年に国際人権団体ヒューマン・ライツ・ウォッチが実施したオンライン調査によれば，学校で性指向および性自認に基づく暴言等を経験した子どもは8割を超えており，その約3割は教師からの発言であった。加えて，このような暴言に対して教師の6割が特に反応をせず，放置していたことも明らかにされている。

　また，現在，初等・中等教育の教員で，性の多様性やLGBTQ＋について授業ができる，と思っている者はかなり少ないのが現状である。2016年に葛

4　第Ⅰ部　教育現場とLGBTQ＋

西が養護教諭を対象に行ったアンケートでも，「何らかの対応をしたい」と思っている養護教諭は98％以上であったが，「教えることができる」と答えた教師は6％程度であった（Kasai, 2016）。学校で同性愛や両性愛という性指向について習ったかという問いを現在の成人にしたところ，2009年では90％近くの者が否定的・不適切な内容を習っており，2016年ではそれが少し減少したものの70％が否定的・不適切な情報を得ていた（日高，2009，2016）。これは授業の中での教師の発言以外にも，教師による日常的な発言（廊下においてや休み時間等）においても，LGBTQ＋について正しく理解していなかったり，あるいは，偏見をもっていたりするような否定的・不適切な内容を含む言動が，学校内でされている，ということである。このような発言は当事者の児童生徒だけでなく，非当事者の児童生徒にも，差別や偏見を許してしまうような誤った情報を伝達してしまい，危険である。

　LGBTQ＋に限定せず広く教育現場を見てみると，学校には授業などで教えられている内容だけでなく，それ以外でも，性別で分けられているものが多くあることがわかる（制服，髪型などの校則，上靴，トイレ，更衣室，名簿，保健体育，部活等）。このように公式的に決められている教えるべき内容のことを「公式的なカリキュラム」といい，制度として決められている男女に分かれているもの等もこれらに入る。それ以外に，教員からのメッセージとして，仲間集団からのプレッシャーとして，意図せず，学校で教えられる知識，態度，価値観などのことを「隠れたカリキュラム」という。つまり，学校現場で，現状のまま何もしなければ，これまで通りの異性愛中心主義（heterocentrism）（Pachankis & Goldfried, 2013），性別一致中心主義（cisgendercentrism）（葛西，2018）を教えることになってしまうのである。

Ⅲ　文部省・文部科学省によるLGBTQ＋の記述の変遷

　歴史的に見ると，欧米においては，旧約聖書に書かれている「ソドムとゴモラの物語」に由来したといわれている「ソドミー法」が存在し，生殖に結びつかないすべての性的行為を性犯罪とする法律が存在していた（国によって法律の内容は異なる）。日本においては，歴史的に見ると，もともといたる

ところで同性間の恋愛や性行為は見られたようである(三成，2015)。しかし，明治時代に入り，民法により婚姻が定められるようになり，また，1913年にKrafft-Ebing の『性的精神病理（第2版)』の訳本が出版された頃から，異性愛以外の同性愛を変態性欲ととらえられるようになってきた。

　教育界においては，文部省による「生徒の問題行動に関する基礎資料――中学校・高等学校編」(1979) において，同性愛を「倒錯型非行」とし「社会的にも健全な社会道徳に反し，性の秩序を乱す行為となりうるもので，現代社会にあっても是認されるものではないであろう」と記述されていた。

　先にも述べたように世界的に見ても，欧米では，長年，同性愛や両性愛は，精神医学的な障害であると考えられていた。そして，その考えに基づき，多くの精神科医や臨床家の間では，同性愛を「病理」であり，「治癒」しなければならないものだと考えられてきた。それに対して，多くの論争が1970年代初頭から起こり，精神医学会，心理学会の間で同性愛の承認をめぐる論争が続いていた。その結果，1973年に米国精神医学会は，精神疾患の診断基準であるDSM から，1990年にWHO は，国際疾患分類であるICD から，同性愛や両性愛を障害とする記述を削除した。このような動きに応じて，日本においても，1995年には日本精神神経学会が「同性愛を精神障害とはみなさない」という見解を出した。

　教育界においては，前述したように文部省による1979年の「生徒の問題行動に関する基礎資料――中学校・高等学校編」では，「同性愛」を「倒錯型性非行」の1つとしてあげている。1986年の「生徒指導における性に関する指導」では，同性愛に関する記述が一切なくなり，1993年には，「生徒の問題行動に関する基礎資料――中学校・高等学校編」の記述が不適切であったことを文部省が認め，同性愛の部分の削除を決めた。また，2002年の教科書検定においても，「同性愛カップル」を新たな家族形態の1つとして容認し，小中学校の家庭科の教科書に，「今や同性愛のカップルでも家族といえない理由はない」(教育図書の「家庭基礎」「家庭総合」)，「同性愛のカップルを家族と考える人も増えてきた」といった記述が登場した。

　しかし，このような社会全体や教育界の変遷の中，学習指導要領や教科書には，「異性への関心」が芽生えることが正常な発達である，という記述は

6　第Ⅰ部　教育現場とLGBTQ＋

残ったままであった。

　2017年に文部科学省が，学習指導要領の改正にあたって広く意見の公募を行った。それに対して多くのLGBTQ＋に関連する団体から，「性的マイノリティについて規定し，保健体育科などの『異性への関心』を削除すべき」という意見が出された。文部科学省からの回答は，「体育科，保健体育科においては，個人差はあるものの，心身の発育・発達に伴い，『異性への関心が芽生えること』等は思春期の主な特徴の一つとして必要な指導内容です。また，体育科・保健体育科で，上記通知で言及されているいわゆる『性的マイノリティ』について指導内容として扱うことは，個々の児童生徒の発達段階に応じた指導，保護者や国民の理解，教員の適切な指導の確保などを考慮すると難しいと考えています」というものであった（文部科学省，2018）。

　そして，2018年度から使われる小中学校の学習指導要領では，「思春期になると異性への関心が芽生える」という異性愛主義の記述は残ったままであった。しかし，高等学校の教科書にLGBTQ＋に関する記述が追加された（清水書院の「政治・経済」「倫理」，帝国書院の「世界史B」，増進堂「コミュニケーション英語Ⅱ」など）。

Ⅳ　文部科学省による対策

　これまでさまざまなデータから，LGBTQ＋の児童生徒が学校でいじめを経験したことがあること（いのちリスペクト。ホワイトリボン・キャンペーン，2014；日高，2016），また不登校の経験があったり，自傷や自殺について考えたり，実際に企てたりしたことがある者も多いことが示されている（日高，2008；針間，2013）。また，2012年に閣議決定された内閣府「自殺総合対策大綱厚生労働省」には，「社会全体の自殺リスクを低下させる」という項目の中に，「性的マイノリティに対する支援の充実」が記載されている。これは，国全体としてLGBTQ＋の児童生徒学生だけでなく，成人も自殺のリスクが高いことを認め，社会全体としての取り組みを求めているということである。

　このような現状に対して，2015年には，文部科学省から「性同一性障害や性的指向・性自認に係る，児童生徒に対するきめ細かな対応等の実施につい

第 1 章　教育現場における LGBTQ＋　7

図 1-1　文部科学省と徳島県教育委員会から出された冊子

て（教職員向け）」の通知が出され，教員向けの対応に関する手引きも作成された（2016）。それに基づき，いくつかの県の教育委員会等からのLGBTQ＋の児童生徒への対応に関するハンドブックや冊子がつくられた（例：『性の多様性を理解するために──教職員ハンドブック』[徳島県教育委員会，2018]）（図1-1）。

　2017年には，文部科学省は，「いじめ防止対策推進法」に基づく「いじめの防止等のための基本的な方針」の改訂を行い，性指向・性自認に関する記載を盛り込んだ。しかし，記載は，別添資料であり，学校関係者がどの程度，性指向・性自認について理解しているかによってその対応は異なってくることが予想される。また，この別添資料には，「性同一性障害や性的指向・性自認に係る児童生徒に対するいじめを防止するため，性同一性障害や性的指向・性自認について，教職員への正しい理解の促進や，学校として必要な対応について周知する」と明記されている。そして，性指向・性自認以外の課題も含め，「学校として特に配慮が必要な児童生徒については，日常的に児童生徒の特性を踏まえた適切な支援を行うとともに，保護者の連携，周囲の児童生徒に対する必要な指導を組織的に行う」としている。

8　第Ⅰ部　教育現場とLGBTQ＋

V　教員の意識

　しかし，教員の中には，「性指向」と「性自認」の違いについてはっきり理解している者は少なく，例えば，「同性愛の人は，性自認に問題がある」という質問項目に「そうだ」と答える者も多い（葛西による「性の多様性」研修後のアンケートより）。つまり，配慮の必要な児童生徒へ適切な対応をするためには，何がいじめにあたるのか等について知るといった教職員自身の知識の拡大と，そのようないじめが起こらないように配慮すること，またいじめが生じている場合には，適切に指導するスキルを向上させる必要がある。安川・門田（2015）は，小・中・高等学校の教員の50％以上が「性に違和や迷いを感じる児童生徒」への対応に不安や困難を感じており，その理由として，65％以上が「経験がない，または少ない」，45％以上が「情報や知識が不足している」ということをあげていた。筆者が調査したものでは，一般にLGBTQ＋の児童生徒が助けを求めに行きやすいと思われる養護教諭の中でも，LGBTQ＋児童生徒に会ったことがある養護教諭は，37.7％（Kasai, 2016）であった。「何らかの対応をしたい」と思っている養護教諭は，96.7％であった。つまり多くの養護教諭は，LGBTQ＋の児童生徒が困っていたら，支援をしたいと思っているが，実際，どのように支援・対応したらいいかについての知識や経験，スキルをもっているとは思っておらず，自信がないという状態であることがわかる。

　この傾向は，心理カウンセラーにも当てはまり，松高・日高（2013）の調査によると，心理カウンセラーとして専門職に従事している者でも，大学院のカウンセラー養成課程ではLGBTQ＋について教育を受ける機会はほとんどなく，また，あったとしてもそれがトランスジェンダーに偏りがちであること，臨床的関わりに関する知識はつかみにくいこと，実際にケースを担当するのは不安であると思っていることなどが示された。

　このように教員も心理カウンセラーも，LGBTQ＋について十分な知識やスキルをもっておらず，当事者からの相談に対応することに不安を抱えているという実態がある。実際，これまで筆者のところにきた多くの学校現場か

らの相談や研修の依頼は，現在，当事者の児童生徒が学校におり，その対応に苦慮しているということが動機になっていたことが多かった。さまざまなメディア等で LGBTQ＋に関する情報に触れるようになった現在は，当事者の児童生徒学生は，自身のセクシュアリティやジェンダーについて意識するようになり，そのことで悩んだ場合に，教師や心理カウンセラーに相談するだろう。そして，相談した相手が不十分な対応や支援ができなかったら，それは大きな問題となるだろう。

　しかし同時に，「対応したいが自信がない」と答えている方が，適切な対応ができるとも考えられる。例えば，「セクシュアル・マイノリティは，他の生徒や学生となんら変わりはないから，同じように支援できます」という発言を耳にすることがある。この発言の趣旨としては，「自分は LGBTQ＋に対して偏見や差別をもっていないから対応できる」や「LGBTQ＋の人は他の人々と違いはないから対応できる」ということであろう。これは，LGBTQ＋の方々が置かれている状況，現状を無視しており，実際には，LGBTQ＋の方々独自の悩みや問題があり，他のマジョリティの人たちと同じように対応したのでは不十分であるということに気がついていない発言である。また，このように発言する方々は，おそらく，自身の知識やスキルが不十分であるとは認識しておらず，研修を受けよう，知識を増やそうという意識も低く，努力もしないという懸念がある。

Ⅵ　いじめ・不登校について

　さまざまな調査研究によって，LGBTQ＋の児童生徒学生は，マジョリティの者よりもいじめられた経験が多いことが明らかにされている。2014年に日高によって行われた調査によると，LGBTQ＋の同性愛・両性愛の10代男子の44％がいじめにあった経験があり，23％が不登校，18％が自傷行為の経験があったことが明らかとなった（朝日新聞，2015）。

　LGBTQ＋に対する理解や支援が進んでいると思われているアメリカなどにおいても，LGBTQ＋の児童生徒へのいじめや暴力は，依然として多発しており，2013年に実施された National School Climate Survey において，中

10 第Ⅰ部 教育現場とLGBTQ＋

学校から高校のLGBTQ＋の生徒の74％は昨年いじめられた経験があり，56％は「学校は安全ではない」と感じていたと報告している。また，Russellら（2012）が指摘しているように，小学校，中学校，高等学校においては，当事者であるからいじめられるということも多発しているが，同時に，当事者であるかどうかは関係なく，周りから「同性愛者だ」，あるいは，「トランスジェンダーだ」と認知されて，からかわれたり，いじめられたりしているという事実もある。また，Toomey & Russell（2013）がこれまでのLGBTの生徒と異性愛の生徒との比較研究18本についてメタ分析をした結果，被害を受けるリスクはLGBTの生徒の方が有意に高いこと，身体が女子の児童生徒よりも身体が男子の児童生徒の方がリスクが高いこと，1990年代以前の研究より，2000年代の研究結果の方がリスクが高いことが明らかとなった。そしていじめから精神的苦痛につながり，最終的に自殺につながる率も高いことも示された。

　このように日本だけでなく，海外においてもLGBTQ＋は，いじめやからかい，暴力の被害を受け，それは，不登校等にもつながるリスクがあるということがわかる。

　では，実際，どのようないじめやからかいを受けているのだろうか。例えば，表1-1に示したような発言例がある。悪意をもって言われた言葉もあれば，発言している者は，まったく，悪意なく発している言葉もある。例えば，同性愛者はいないものだと決めつけて，「うちのクラスにはいないよね」というような発言や，「将来，好きな人ができて結婚すると思うけど」や「彼氏（彼女）どんな人？」というような発言も，当事者にしてみたら，自分たちの存在は無視されている内容であり，とても傷つく言葉である。また，性別に違和感がある者の存在を無視して，「男は男らしく，女は女らしく」と言われたり，自分の望まない性別の制服を着なければならなかったり，望まない性別のトイレや更衣室を使わなければならないのも，とても苦しいことなのである。このような発言は，「SOGIハラスメント」という言葉で表現されることもある。これは，LGBTQ＋に関連して，差別的な言動や嘲笑，いじめや暴力などの精神的・肉体的嫌がらせを受けること（「なくそう！　SOGIハラ」実行委員会，2017）であり，①差別的な言動や嘲笑，差別的な呼称，②

第1章　教育現場における LGBTQ +　11

表1-1　SOGI ハラ発言例

性別に関する発言例	性指向に関する発言例
あの人って，男？　女？ 男らしくしろ！ 女らしくしろ！ オトコオンナ 戸籍は女なんだから女性の制服を着なさい 男のくせになよなよするな 身体はどうなっているの？	オカマ・オネエ ホモ・レズ 変　態 あの人ゲイだって。襲われたらどうしよう 俺にはそんな趣味ないから 結婚しないと一人前じゃないよ 早く恋人つくったら？ 彼氏の写真見せて 同性愛？　エイズじゃないよね

いじめ，無視，暴力，③望まない性別での生活の強要，④不当な異動や解雇，不当な入学拒否や転校強制，⑤誰かの SOGI について許可なく公表すること（アウティング）などがその種類としてあげられている。

Ⅶ　教える時期

　これまで述べてきたように，文部科学省からの通知によると，LGBTQ + の児童生徒は，いじめ・不登校・自殺等さまざまなリスクを抱えており，教員は，配慮ある対応をしなければならない。しかし，同時に，カリキュラム等では，これまでの異性愛中心，性別に違和感がないのが当然という内容のままである。実際，多くの LGBTQ + の児童生徒はいじめや暴力の被害に遭っており，その体験は心の傷として残り，大人になってからのうつ病発症のリスクが高まるなどメンタルヘルスに悪影響を与える（Nijiiro Diversity, 2018）。こうした状況を変えるためには，学校現場において LGBTQ + について正しい知識を教えることが重要である。子どもたちはその意味を知らなくても，「ホモ」「オカマ」「オネエ」というような言葉をからかいやいじめに使用している。筆者が訪れた教育現場では，幼稚園においても児童が「ホモ」という言葉を「悪い意味」であると認識して使用していた。

　自身の性別や性指向が多数派と異なるのではないか，と思っている児童生徒だけでなく，すべての児童生徒に性には多様な側面があるということを教

12 第Ⅰ部 教育現場とLGBTQ＋

える必要がある。そうすることによって，学校内の少数派に対する意識が変わり，児童生徒全員が過ごしやすい安全な学校となることができる。

　では，学校現場において，性の多様性についていつ頃教えるのが妥当なのであろうか。中塚（2015）の調査によると，性別に違和感がある子どもが自分自身の違和感に気づいたのは，小学校入学前が一番多かった（56.6％）。また，日高ら（2004）の調査によると，自己の性指向に気づくのは13歳頃の思春期が最も多いが，最も早い児童で3歳であり，異性愛ではないかもと気づいたのは，最も早い児童で5歳であった。

　つまり，これらのデータから考えると，自身の性別に違和感のある児童は，小学校入学前には自分自身の性別・周りの人の性別について意識をし，また就学前に好きな子，気になる子ができる児童もおり，それが同性である場合もあるということである。また，Stotzer（2009）の研究によると，小学校段階において「LGBは，異常ではない」という教育を受けた人の方が，LGBに肯定的な態度が形成されていた。さらに，LGBTQ＋に対する肯定的な態度がいかに形成されるかについては，葛西・小渡（2018）の研究によると，LGBTQ＋についての漠然としたイメージではなく，1人の人間として認識する「LGBTQ＋の可視化」，当事者の体験談を聞いたり，友人になったりする「当事者との親密化」，自身にもマイノリティの側面があると感じる「マイノリティ共感」（葛西，2019）という3つの体験が促進作用となっていた。

　これらのことから，LGBTQ＋について学ぶのは，当事者・非当事者に関係なく，また，学校を安全な場（safe zone）にするために，小学校段階から学校全体として取り組むことが重要であり，そうすることによって，マイノリティ全般に対して肯定的な態度を身につけることになるだろう。

Ⅷ　どのように教えるのか

　学校現場で児童生徒を対象にLGBTQ＋について教えるとなると，どのように教えるのが効果的なのだろうか。正しい知識を得ることだけを目的として，「LGBT」「同性愛」「トランスジェンダー」といった用語やカテゴリーを知るという方法では，多数派の児童生徒は，「自分たちとは違う人がいる」「大

変な状況にある人がいる」「助けてあげないといけない人がいる」といったことを学ぶだけである。しかし，それでは，自分たちとは異なるマイノリティの人たち，という理解でおしまいになってしまう。渡辺（2017）が指摘するように，これは「性的マジョリティ」が不問にされ，「性的マイノリティ」だけが扱われ，「知ってあげる私たち」と「知ってもらうあなた方」，「聞いてあげる私たち」と「語る義務があるあなた方」という権力構造のままになってしまう危険がある。多数派，少数派が関係なく，教える側，学ぶ側すべての者が自分のこととして学ぶ姿勢が重要である。実際，多数派の中にも多様性があり，少数派の中にも多様性がある。つまり異性愛でシスジェンダーの者がすべて同じであるはずがなく，同様に，同性愛だから，性別に違和感があるからといって，みな同じではないのである。

　どのように教えるのが効果的なのかについて，先駆的に研究が進んでいる海外の教育方法を参考にすると，Burnes & Stanley（2017）によれば，①カテゴリー，名前として教えるのではなく，興味をもつことを教える，②小集団で疑問点等についてディスカッションをする，③経験的な学習方法を用いる，④シスジェンダーにしかできないこと，異性愛者にしかできないことを教える，⑤ LGBTQ ＋に関する歴史を教える（特に，自分たちに関連のあるような）というのが効果的であるという。また，このような授業を行うと，LGBTQ ＋の当事者だけでなく，さまざまなマイノリティ等の当事者が自己開示をすることがあるので，そのクラス，学年，学校が，safe zone である必要がある。

　つまり，児童生徒たちが自ら知りたいと思えるように興味をもたせる必要がある。これは，Kasai（2016）が指摘するように，LGBTQ ＋について教える時には，「知識」や「援助スキル」を教えるだけでなく，自分自身の価値観や見方等の「気づき」と，知りたいと思う「動機づけ」が大切ということと同じである。それぞれの発達段階に応じて，児童生徒が「知りたい」と思うような授業展開を考えていくことが大切である。

IX おわりに

LGBTQ＋の認知度が上がり，LGBTQ＋についてもっと知りたいと思っている教員や，当事者の児童生徒に関わりたいと思っている教員が増えている。これはとても嬉しいことであるが，正確な知識をもたないと，教員としては，善意で行っていることが，当事者たちを傷つけていることがあるかもしれない。

例えば，関わっている児童生徒の中に，性別に対して何か悩んでいるような子がいるから，「性別に違和感のある子どもが受けたらわかるテストはないのか？」と聞かれたことがある。その教員の意図としては，それがわかれば，すぐにでも支援ができるということらしい。しかし，その児童生徒は自分の性自認がまだはっきりしていない，あるいは，教員側に言いたくないのかもしれない。そんな場合に，もしそんなテストがあり，それを受けさせられるのは，とても恐ろしいことである。強制的にカミングアウトさせられてしまうことになるかもしれない。また，別の時には，「セクシュアル・マイノリティの人用のトイレを作ったらどうか？」という発言もあった。これも一見支援的でよいことのように見えるが，そのトイレを使っていると，自身がLGBTQ＋であるということを強制的にカミングアウトすることになる。こんなトイレも恐ろしくて使えないというのが実際である。つまり，善意だけでは，配慮をもった対応はできないし，反対に児童生徒を傷つけてしまう可能性もある。すべての児童生徒が安全だと思えるような学校づくりのために，教員ができることに少しずつ取り組んでもらいたい。

文 献

朝日新聞（2015）同性・両性愛の10代男子4割いじめ経験（2015年9月1日）.
Burnes, R. T. & Stanley, L. J. (2017) *Teaching LGBT psychology: Queering innovative pedagogy and practice*. American Psychological Association.
針間克己（2013）性同一性障害と自殺. 産婦人科の実際，62（13），2151-2155.
日高康晴（2008）MSMのHIV感染リスク行動の心15 社会的要因に関する行動疫学的研究. 日本エイズ学会誌，**10**(3)，175-183.
日高康晴（2016）LGBT当事者の意識調査——いじめ問題と職場環境との課題.

日高康晴・市川誠一・木原正博（2004）ゲイ・バイセクシュアル男性の HIV 感染リスク行動と精神的健康およびライフイベントに関する研究．日本エイズ学会誌，**6**（3），165-173．

日高庸晴・木村博和・市川誠一（2007）ゲイ・バイセクシュアル男性の健康レポート 2．厚生労働省エイズ対策研究事業「男性同性間の HIV 感染対策とその評価に関する研究」成果報告．

いのちリスペクト。ホワイトリボン・キャンペーン（2014）LGBT の学校生活に関する実態調査（2013）結果報告書．

Kasai, M.(2016) *Teachers knowledge of LGBT issues and student bullying of LGBT classmates in Japan.* The 31st International Congress of Psychology.

葛西真記子（2018）セクシュアル・マイノリティへの精神療法における倫理．精神療法，**44**(1)，77-78．

葛西真記子（2019）マイノリティ共感（Inter-minority Empathy）――「性の多様性を認める態度」に関連する要因．鳴門教育大学研究紀要，**34**，136-141．

葛西真記子・岡橋陽子（2011）LGB Sensitive カウンセラー養成プログラムの実践．心理臨床学研究，**29**(3)，257-268．

葛西真記子・小渡唯菜（2018）「性の多様性を認める態度」を促進する要因――セクシュアル・マイノリティ非当事者へのインタビュー調査．鳴門教育大学研究紀要，**33**，50-59．

Kehily, M. J.(2002) Sexing the subject : Teachers, pedagogies, and sex education. Sex *Education,* **2**（3），215-231．

三成美保編著（2015）同性愛をめぐる歴史と法――尊厳としてのセクシュアリティ．明石書店．

松高由佳・日高康晴（2013）カウンセラーのセクシュアリティへの理解や教育を受けた経験に関する検討――面接調査を通じて．広島文教女子大学心理臨床研究，**3**，18-23．

文部科学省（2010）児童生徒が抱える問題に対しての教育相談の徹底について（通知）．（事務連絡）

文部科学省（2015）性同一性障害に係る児童生徒に対するきめ細かな対応の実施等について．（27文科初児生第 3 号）

文部科学省（2016）性同一性障害や性的指向・性自認に係る，児童生徒に対するきめ細かな対応等の実施について（教職員向け）．http://www.mext.go.jp/b_menu/houdou/28/04/__icsFiles/afieldfile/2016/04/01/1369211_01.pdf（2019年 4 月15日取得）

文部科学省（2018）幼児教育課学校教育法施行規則の一部を改正する省令案並びに幼稚園教育要領案，小学校学習指導要領案及び中学校学習指導要領案に対する意見公募手続き（パブリックコメント）の結果について．https://search.e-gov.go.jp/servlet/PcmFileDownload?seqNo=0000157166（2019年 4 月15日取得）

文部省（1979）生徒の問題行動に関する基礎資料（生徒指導資料　第14集）．

中塚幹也（2015）岡山市の職員が知っておきたい性的マイノリティ（LGBT）の基礎知識．岡山市，1-21．

「なくそう！　SOGI ハラ」実行委員会（2017）教えて SOGI ハラ．（ホームページ http://sogihara.com/）

Nijiiro Diversity（2018）nijiVOICE2018速報．

Pachankis, E. J. & Goldfried, R. M.(2013) Clinical issues in working with lesbian, gay, and bisexual clients. *Psychology of Sexual Orientation and Gender Identity,* **1**（5），45-58．

Russell, S. T., Sinclair, K. O., Poteat, V. P., & Koening, B. W.(2012) Adolescent health

16 第Ⅰ部 教育現場とLGBTQ+

and harassment based on discriminatory bias. *American Journal of Public Health*, 102(3), 493-495.

Stotzer, R. L.(2009)Straight allies: Supportive attitudes toward lesbian, gay men, and bisexuals in college sample. Sex Roles, 60, 67-80.

徳島県教育委員会（2018）性の多様性を理解するために――教職員用ハンドブック.

Toomey, R. B. & Russell, S. T.(2013)The role of sexual orientation in school-based victimization: A meta-analysis. *Youth & Society*, 48(2), 176-201.

渡辺大輔（2017）「性の多様性」教育の方法と課題.（三成美保編）教育とLGBTIをつなぐ. pp.145-166, 青弓社.

安川　優・門田　文（2015）「性の違和感や迷いを感じる児童生徒」に関する学校の現状. 大阪教育大学紀要Ⅴ部門, 64(1), 99-115.

第2章

教員の意識変容と啓発をどう行うか

葛西真記子

Ⅰ　はじめに

　2012年，2015年の文部科学省からの学校へLGBTQ＋の児童生徒への配慮に関する通達以降，LGBTQ＋について人権課題として取り組もうという学校が徐々に現れてきた。しかし，同時にどのように扱ったらいいのか，どのように対応したらいいのかわからないという教員も多い。実際の学校現場では，児童生徒の中に，自分自身のセクシュアリティや，ジェンダーについてなんとなく，他のクラスメイトと異なるのではないかと感じ始める児童生徒，LGBTQ＋であることをカミングアウトする児童生徒，行動や態度からもしかしたらLGBTQ＋なのではないかと教員が感じる児童生徒がいる。そして，そのような児童生徒に何らかの対応や支援をする必要を感じ，専門家に研修を依頼したり，教員同士で研究会を行ったりするようになってきた。

Ⅱ　学校現場の実際

　文部科学省からの通達や，メディア等でのLGBTQ＋の方々の露出が増加してきたにもかかわらず，これまでにLGBTQ＋の当事者に一度も会ったことがないという教員もいる。2014年に筆者が行った中学校高校120名の教員へのアンケート調査では，これまでにLGBTQ＋の児童生徒に関わったことがある教員は35.4％であったが，そのほとんどは，性別に違和感のある生徒であった。また，高等学校の養護教諭に同様の質問を行ったところ，37.7％

が関わったことがあると答えていた。「今後関わりたいですか」という問い
に対しては，96.7%の教員が関わりたい，支援したいと思っていた。しかし，
「セクシュアリティやジェンダーに関して授業を行うことができますか」と
いう問いに対しては，約6%の教員のみが「できる」と答えた。このように
現状の学校現場での受け入れ態勢は不十分であり，教員は，LGBTQ＋の児
童生徒には，何らかの支援が必要であると感じているが，実際どのような支
援ができるのか，必要なのか，明確にわかっていない者も多いようである。

　成人を対象とした多くのデータからは，LGBTQ＋といわれる当事者の割
合は，7.6%（電通ダイバーシティラボ，2015）や，8%（博報堂，2016）であ
り，「13人に1人」存在しているといわれている。しかし，当事者である児
童生徒の多くは自分自身のセクシュアリティやジェンダーになんとなく違和
感を抱いたり，なんとなく多数派とは異なるのではないかと感じたりしてい
る状態であることが多く，「自分は○○です（LGBTQ＋のどれか）」とはっき
り教師に言うことはあまりないかもしれない。つまり，教員にとっては，は
じめからLGBTQ＋の児童生徒として対応するのではなく，何らかの不適応，
いじめやからかい，不登校傾向等として関わっている児童生徒が，自身のセ
クシュアリティやジェンダーについて悩んでいたりすることがあるというこ
とである。しかし，児童生徒は，その悩みについて教員に言うこともあるが，
言わないこともある。

　つまり，先ほどの「これまでにセクシュアル・マイノリティの当事者に一
度も会ったことがない」という教員は，これまでの人生で周りに確実に存在
していたLGBTQ＋の当事者に，カミングアウトされてこなかったというこ
とである。当事者がカミングアウトしたいと思われる対象ではなかったとい
うことである。カミングアウトは，勇気のいることであり，カミングアウト
したことで，差別されるかもしれないというリスクを伴うのである。つまり，
カミングアウトは，信用できる，安心で，差別・偏見のない人であろうと当
事者から思われて初めてされるものである（家族であるなどの事情により，ど
うしてもカミングアウトしないといけない場合もあるが）。周囲の知人や，児童
生徒からカミングアウトされたことがない教員は，なぜ自分はこれまで当事
者にカミングアウトされなかったのかを考える必要がある。

Ⅲ　教員が抱いている誤解

　前述したように，LGBTQ＋であるかもしれない児童生徒は，クラスに1
人か2人はいる可能性があるが，この児童生徒はいじめやからかいの対象と
なるハイリスク群である。また，実際にLGBTQ＋かどうかではなく，周り
の生徒からそのように思われるというだけでハイリスクなのである（Russell
et al., 2012）。つまり，教員がしなければならないことは，どの児童生徒が
当事者かということを配慮するのではなく，どの児童生徒もセクシュアリ
ティやジェンダーに関することでいじめられたり，からかわれたりする可能
性があるという認識をもつことである。

　次に，多くの人は，LGBTQ＋に対して，ステレオタイプなイメージを当
てはめようとする傾向がある。例えば，ゲイの人は，バラエティ等で活躍し
ているタレントのような「オネエ」と呼ばれるような人であるとか，レズビ
アンの人は，短髪でボーイッシュであるといったイメージである。これらの
イメージは，特に，LGBTQ＋の知り合いや友人がいない人が抱きやすいも
のである。しかし，実際は異性愛者でシスジェンダーである性的多数派の人
の中にも，さまざまな見た目や好みの人が存在しているように，レズビアン，
ゲイ，バイセクシュアル，トランスジェンダー，クィア，クエスチョニング
等の人々の中にも，同じように多様な人が存在する。グループ内の多様性の
方が，グループ間の多様性より大きいということである。

　また，同性を好きになったり，違う性別になりたいと思うのは，思春期に
よくありがちな発達過程上の問題であるという誤解もある。確かに，思春期
の特性として，異性が嫌になったり，同性に憧れたりすることはある。また，
自分の性別が嫌で，違う性別になりたいと思ったりすることもある。しかし，
ここで重要なのは，発達過程で，一時的に同性に憧れたのであっても，ある
いは，そのままずっと同性が好きであったとしても，「同性が好き」という
気持ちについて，「おかしい」「異常だ」と思わないでほしいということであ
る。同性愛に対してこのように思うことを「同性愛嫌悪（ホモフォビア）」（We-
inberg, 1972）といい，性別に違和感をもつ人に対して嫌悪感をもつことを

「トランス嫌悪（トランスフォビア）」という。現在の日本において（多くの他の国においても）は，知らず知らずのうちに，異性愛主義（heterosexism）（Blumenfeld & Raymond, 1988），性別一致中心主義（cisgendercentrism）（葛西，2018）になってしまう。そうなると，この同性愛嫌悪やトランス嫌悪は内在化されるようになり，「内在化された同性愛嫌悪」(Meyer & Dean, 1998)，「内在化されたトランス嫌悪」となる。内在化された同性愛嫌悪やトランス嫌悪とは，LGBTQ＋の方々に対する否定的な社会の態度を自身の中に内在化したり，自分で認めてしまったりしている現象のことである。そして，これらの内在化された嫌悪は，うつや不安神経症のようなさまざまな心理的問題と関係していることが示されてきた（Brennan et al., 2012；Kimmel & Mahalik, 2005；Wiseman & Moradi, 2010）。けれども，教育の中で，同性に対して恋愛感情を抱いたり，性別に違和感を抱いたりしていても異常なことではないと学んでいれば，このようなさまざまな心理的問題を予防することができる。

　一方で，一度，同性愛者である，性別違和感があるとなったら，一生変わらないという誤解もある。しかし，Diamond (2009) が指摘するように，性指向は流動的であるという研究もある。そして，性指向を「性的行動」（性的な行動をすること），「性的魅力」（性的に魅力を感じること），「アイデンティティ」（自身を名乗ること）という3層で考えると，その3つはそれぞれ，変化しうるのである（Klein et al., 1985）。

　また，性別の違和感について，高山・葛西 (2016) が，子どもの時に性別に違和感をもっていたが，大人になってそれがなくなった者と，大人になってももち続けている者の比較をした。その結果，子どもの頃の違和感は，性役割に関することであったり，きょうだいとの比較等，他者との比較から感じていたりしていた者は，大人になってから自身の性別を受け入れるようになる傾向があった。一方で，子どもの頃の違和感が主に自分自身の身体についてだった場合は，大人になっても性別に違和感をもっている者が多かった。つまり，子どもの頃に同性が好きだな，自分の性別に違和感があるなと思っていても，その後，変化することもあると言える。しかし，重要なのは，変化する可能性があるということであって，周りから「変えられるものではな

い」ということである。変化するものなのであれば，何とか異性愛に，性別違和感をもたないように変化させようとすることはできないし，しないでほしい。悩んでいる児童生徒が，その気持ちをもっていても安心して過ごせる学校であってほしい。

Ⅳ　教員や心理カウンセラーにとって必要なこと

　筆者は，学校現場でLGBTQ＋への関心が高まり，児童生徒の中に当事者がいるかもしれないから，あるいは，すでにカミングアウトしている児童生徒がいるが，どう対応したらいいのかわからないから，ということで研修を依頼されたり，相談に応じたりする機会が増えてきた。その中でよく聞かれる質問は，「学校としてどのような対応ができるのか」である。このような場合は，こうするというようなマニュアルが欲しいという教員もいる。

　例えば，性別に違和感のある児童生徒に対しては，文部科学省（2015）から対応の実践例が示されている（表2-1）。

　そして，具体的な配慮事項として，①学校における支援体制（教員間の情報共有の重要性，支援委員会の設置），②医療機関との連携（当事者である児童生徒や保護者の同意が得られた場合に限る），③学校生活の各場面での支援等について言及されている。2016年に文部科学省から出された「性同一性障害や性的指向・性自認に係る，児童生徒に対するきめ細やかな対応等の実施について（教職員向け）」という資料では，性同一性障害（性別異和）以外のLGBTQ＋の児童生徒への支援についても言及している。

　性別に違和感のある児童生徒の場合は，自分の身体の性別で分類される学校での対応は，苦痛であり，自分が望む性別で学校生活を送りたいと希望することがある。その場合は，学校として，上記のようなさまざまな対応をすることが可能である。しかし，同性愛や両性愛という性指向のマイノリティの児童生徒の場合は，好きな対象が異性ではないということであり，自分の性別について違和感があるわけではないので，学校生活の中で何か対応を求めるものではない。そのため，目に留まりにくいということで，LGBの人たちを「隠れたマイノリティ」（Fassinger, 1991）ということもある。

22　第Ⅰ部　教育現場と LGBTQ＋

表2-1　性同一性障害に係る児童生徒に対する学校における支援の事例
（文部科学省 HP より）

項　目	学校における支援の事例
服　装	自認する性別の制服・衣服や，体操着の着用を認める
髪　型	標準より長い髪型を一定の範囲で認める（戸籍上男性）
更衣室	保健室・多目的トイレ等の利用を認める
トイレ	職員トイレ・多目的トイレの利用を認める
呼称の工夫	校内文書（通知表を含む。）を児童生徒が希望する呼称で記す。自認する性別として名簿上扱う
授　業	体育又は保健体育において別メニューを設定する
水　泳	上半身が隠れる水着の着用を認める（戸籍上男性）。補習として別日に実施，又はレポート提出で代替する
運動部の活動	自認する性別に係る活動への参加を認める
修学旅行等	1人部屋の使用を認める。入浴時間をずらす

　教員から，「同性愛の児童生徒に対して，教員として何かできることはあるだろうか？」という質問をされることがある。教員としてできることは，ハード面に関することではなく，教員の異性愛主義，異性愛中心主義な考え方や価値観の変容というソフト面に関することである。学校文化，教員文化は，知らないうちに異性愛が中心となっているのである。これは，先に述べた文部科学省からの学習指導要領の改訂に関する回答からも明らかである。意図せずに発せられる「将来，好きな人ができて結婚したら……」「彼氏はいるの？」「彼女はいるの？」「そんな恰好をしていると男にもてないぞ」等の発言は，日常よく聞かれるものである。しかし，これらは，同性愛・両性愛の存在をまったく無視した発言であり，もし，児童生徒が自分の性指向に悩んでいたら，自分はおかしいのかもしれない，普通ではないのかもしれないと思ってしまうだろう。つまり，必要なのは，このような発言をしないような教員の意識変容なのである。次項に意識変容の1つの方法であるプログラムを紹介する。

Ⅴ　教員や心理カウンセラー対象のプログラム

　教員や心理カウンセラーという LGBTQ＋の児童生徒学生を支援する者
が，LGBTQ＋に対して肯定的で敏感になるためには，どのような訓練を受
ける必要があるだろうか。葛西・岡橋（2011）は，LGB に限定して，肯定的
な態度を育成するために，"LGB sensitive カウンセラー養成プログラム"
を開発した。その後，T（トランスジェンダー）を含めたプログラムや，一般
の人々を対象としたプログラム（小渡・葛西，2017），就学前教育に従事する
者を対象にしたプログラム（元木・葛西，2019）も開発された。これらのプ
ログラムを通して，LGBTQ＋に対する偏見や差別，LGBTQ＋の人々が抱
えるさまざまな問題や現状に対して，敏感に感じ反応することができる教
員・心理カウンセラーを育成することを目的としている。

　これらのプログラムはいずれも，LGBTQ＋に関する知識や情報を提供し，
肯定的な態度を育成することを目的としている。プログラムの作成にあたっ
ては，日本にはそのようなプログラムが存在しなかったため，まず，アメリ
カ心理学会（APA）指定の心理カウンセラー養成大学院において行われてい
る LGB に関する訓練カリキュラムや，これらの大学院で教科書として使用
される "Handbook of Counseling and Psychotherapy with Lesbian, Gay,
and Bisexual Clients"（Perez et al, 2000）をもとに，グループ・ディスカッ
ションのトピックや流れを考えた。また，プログラム全体の流れは，Pedersen
（2000）の多文化理解の訓練課程を参考に構成した。Pedersen（2000）は，多
文化理解を促進するプログラムには３つの側面を含む必要があると述べ，そ
れらは，「気づき」「知識」「スキル」であるとした。そして，筆者らのこれ
までの経験から，これらプログラムの実施において，もう１つ重要な要素が
あることが明らかとなった。それは，この内容について学びたいという「動
機づけ」である（葛西・竹山，2014）。「気づき」「知識」「スキル」を中心に
行ったプログラムが有効であることが，実践によって示されてきたが（葛西，
2011），LGBTQ＋にあまり興味がないがプログラムに参加した方々にも興味
をもってもらい，LGBTQ＋に対して肯定的な態度を促進することができれ

ば，さらに効果的であると考えた。そのため，本プログラムは，①動機づけ，②気づき，③知識，④スキルという4段階から構成されている。また，本プログラムは，参加者にLGBTQ＋をより身近に感じてもらうために，日本でのLGBTQ＋を取り巻く状況や，日本におけるLGBTQ＋に関する歴史，日本のLGBTQ＋関連団体の出版物やホームページに掲載されている情報などを参考に作成した。プログラム構成は次のようになる。

1．動機づけ

　学校全体としてLGBTQ＋に関心をもってもらう一番の方法は，その学校にLGBTQ＋の児童生徒が実際に存在しているという認識をもってもらうということである。教員の多くは，自分の学校やクラスに当事者の生徒がいて，どのように対応したらいいのか知りたかったという動機から，筆者らの研修会に参加する。元木・葛西（2019）の研究においても，「これまでに関わった子どもの中にセクシュアル・マイノリティの子どもがいた」かどうかが，LGBTQ＋に関する知識の高さや肯定的な態度に関連していた。

　もし，実際にこれまで関わった経験がなくても，「クラスに1人か2人はいる」という情報や，いじめや不登校の背景にセクシュアリティやジェンダーの悩みがある割合等を示すことも，教員らの動機づけにつながるだろう。普段から校内で，LGBTQ＋に関する情報に触れる機会を増すように可視化することも，教員らの動機づけにつながる。例えば，LGBTQ＋についてのポスターの掲示，関連する図書の整備，イベントや支援団体のチラシの配布，LGBTQ＋に関するニュース等について話題にするということもできる。

2．気づき

　自分自身の中にある自己や他者への偏見，異性愛中心主義，性別一致中心主義と同性愛嫌悪，トランス嫌悪の影響について気づくことを目標とする。自己や他者への気づきが得られるように4段階に分けた。

　気づきの第1段階として，自己の異性愛中心主義や性別一致中心主義について考える。例えば，日常生活で感じる異性愛者にしかできないこと，性別が一致しているシスジェンダーにしかできないこと等について，各自で考え，

その後，小グループで話し合いを行う。

　第2段階として，異性愛中心主義がLGBの人に与えている影響について考える。例えば，「自分の今までの恋人を想像してください。その時に全世界が同性愛だとする場合，自分はどのように感じるでしょうか」と伝え，まず各自で考え，その後，小グループで話し合う。それにより，異性愛者である参加者はLGBの感じていることを自分に縁のないこととしてではなく，自分のこととして考える疑似体験ができる。同様に，性別一致中心主義がTの人に与える影響について考える。例えば，「だんだん自分の身体が自分の意見に反して自分が思っている性別とは違う性別になってきました。どのように感じると思いますか」と伝え，各自で考え，その後，小グループで話し合う。

　第3段階として，異性愛中心主義，性別一致中心主義が意識的・無意識的にどのように自分に影響を与えているかを考える。"これまで自分が生きてきた中でLGBTに対してどのようなメッセージを周りから受け取ってきたか"について，各自で考えた後，小グループで話し合う。

　最後に，第4段階のLGBTQ＋に関する個人的な体験として，LGBTQ＋当事者からの体験を聞く。話をしてくれる当事者がいない場合は，「知識」の段階で紹介するような自叙伝などを読むという方法もある。

　重要なのは，これらのどの段階においても，小グループが批判的にならず，安心して話ができるような場になることである。そのためには，このプログラムを進行する者も，自分がこれまでもっていた偏見等についても勇気をもって自己開示をすることが大切である。また，グループでの話し合いの前にも「お互い傷つけない」「相手の意見を尊重する」等のルールを設けることも大切である。

3．知識

　次に知識の獲得段階である。知識とは，LGBTQ＋に関するさまざまな概念や用語，歴史的出来事，社会の中での発展，精神的側面への影響，学校における課題，差別や偏見，法律や権利等についての内容である。これらは，特に地域ごとに異なることがあるので，地域の現状に即した内容であること

26　第Ⅰ部　教育現場とLGBTQ＋

が望ましい。その方が，より身近な課題としてとらえることができる（例え
ば，同性愛が病気とされていた歴史について，DSMやICDのような精神疾患の診
断基準にどのように記載されていたか，また海外と日本の状況の違いなど）。差別
や偏見については，同性愛嫌悪，内面化された同性愛嫌悪，ヘイトクライム
（憎悪犯罪）についての説明等である。権利については，日本では同性パー
トナーシップについて，海外では同性婚や結婚と同等の権利を与えている国
もあるが，反対に同性愛であることで死刑になる国もあることなどを紹介す
る。

　また，同性愛やトランスジェンダー等をテーマとした映画の上映や自叙伝
の輪読なども，実際の当事者たちの抱える問題を実感できるようになり，効
果的である。

4．スキル

　ここでは，支援の実践に関するスキルの習得を目的とする。LGBTQ＋の
児童生徒に対応する時の倫理問題や，LGBTQ＋に援助的な応答例等を提示
する。また，同時に知らず知らずに使っている用語がLGBTQ＋の児童生徒
を傷つけているかもしれないということを実感してもらい，代替案を提示す
る。次に，授業の中での対応，生徒指導場面での対応，さまざまな児童生徒
の問題への対応等において，LGBTQ＋の児童生徒であるかもしれないとい
う視点をもっておくことについて，架空事例等を用いて考える。LGBTQ＋
特有の相談場面を設定し生徒役，教師役となり，実際にロールプレイを行う。
　例えば，授業の中での対応としては，授業中に「ホモネタ」といわれるよ
うな発言が児童生徒からあった場合に，教師としてどのように対応するのが
いいのか考える。教師がそのことについて何も言わないのは，「同意してい
る」「悪いことではない」ということを暗に教えていることになってしまう
ということを理解しておく必要がある。また，どのような授業実践を行うの
かについて話し合うこともできる。

Ⅵ　プログラムの効果とマイノリティ共感

　葛西・岡橋（2011）のプログラム実施時の参加者からの感想では，「もっと知りたい」など探求心が生まれたものが32％，「知識が大切」など正確な知識の大切さに言及したものが27％，「さまざまなマイノリティに対しても敏感な心理カウンセラーになりたい」などの意欲を示したものが23％で，知識を得ることの必要性・重要性を意識し，かつLGB以外のマイノリティに対する偏見や嫌悪にも意識が向くようになった意見が見られた。

　その後もこのプログラムを多くの教員や心理カウンセラーに実施した結果，参加者から，自分自身のマイノリティ性について気づくようになったり，他のマイノリティに対しても敏感になり意識が向くようになったという感想が多く寄せられた。このように，LGBTQ＋に肯定的で支援活動を行いたいと思う者の中には，「マイノリティ共感（inter-minority empathy）」があるということが，アライ（ally）として活動する人たちへのインタビューからも明らかとなった（葛西・小渡，2018；葛西，2019）。マイノリティ共感とは，「あるマイノリティの当事者が他のマイノリティの気持ちがわかること，共感できること」であり，自分自身のマイノリティとしての経験から，他のマイノリティの立場や経験に共感を示すものである。自分自身が民族マイノリティであり，日本の社会で差別や偏見を感じながら育った者，さまざまな障害をもっている者，他者から，あるいは地域から差別されたり，冷たい態度をとられた経験をもっている者，それ以外にも，外国人，高齢者，子ども，女性等さまざまなマイノリティとしてその人権が侵害されてきた者が，自分自身の体験から，今度は他者の差別や偏見にも敏感になり，共感的な態度を示すようになる。つまり，自身のことだけであった「内向きの視点」から，他者への共感として「外向きの視点」になっているということである。

　特にLGBTQ＋は，他のマイノリティと比較して，自身の家族は，自分と同じマイノリティではないことがほとんどで，自身が他者と違うことに一番初めに気づくのが自分であるという点で異なっている。つまり，他のマイノリティよりもさらに過酷な体験であるといえるだろう。

28　第Ⅰ部　教育現場とLGBTQ＋

　また，それまで自分自身がマイノリティであると認識していなくても，実際には，人間は誰しもさまざまな側面でみなマイノリティであり，それに気づくことができるようになる。そして，さまざまなマイノリティに対する偏見や差別意識も減少する（小渡・葛西，2017；元木・葛西，2019）。

　このようにLGBTQ＋を理解し，より肯定的な態度を身につけることによって，自分自身をより深く理解することが可能となり，またさまざまなマイノリティについての理解も深まる。

Ⅶ　おわりに——LGBTQ＋に肯定的で安全な環境をつくるために必要なこと

　最後に，LGBTQ＋の児童生徒学生が安心して学べる環境（safe schools）をつくるために必要なことをこれまでの経験からあげると，次のようになると考える。

　①管理職などその場の長が積極的にLGBTQ＋の活動に参加していること
　②その環境の倫理規定等に差別禁止について明記されていること
　③職員全員がLGBTQ＋について研修を受けていること（傷つけない配慮のある言葉の使用等について理解していること）
　④さまざまな書類の性別，婚姻関係などについての記載について考えていること
　⑤職場で使用されるポスター，案内，掲示等は，LGBTQ＋の方々を含んだものになっていること
　⑥職員の中に，当事者がいること
　⑦地域のLGBTQ＋の方々とつながること

　学校現場が，上記のような肯定的で安全な環境になることによって，LGBTQ＋の児童生徒学生だけでなく，すべての人にとって，快適な場となることが可能となる。

文　献

Blumenfeld, W. & Raymond, D.（1988）*Looking at gay and lesbian life.* New York ; Philosophical Library.

Brennan, D. J., Craig, S. L., & Thompson, D. E. A.（2012）Factors associated with a drive for muscularity among gay and bisexual men. Culture, *Health & Sexuality*, **14**, 1-15.

電通ダイバーシティラボ（2015）LGBT 調査2015. http : //www.dentsu.co.jp/news/release /2015/0423-004032.html（2019年 4 月15日取得）

Diamond, L.（1998）Development of sexual orientation among adolescent and young adult women. *Developmental Psychology*, **34**(5), 1085-1095.

Diamond, I.（2009）*Sexual fluidity : Understanding women's love and desire.* Cambridge, MA : Harvard University Press.

博報堂（2016）博報堂 DY グループの株式会社 LGBT 総合研究所，6 月 1 日からのサービス開始にあたり LGBT をはじめとするセクシャルマイノリティの意識調査を実施. ttps : //www.hakuhodo.co.jp/uploads/2016/05/HDYnews0601.pdf（2019年 4 月15日取得）

Fassinger, R. E.（1991）The hidden minority : Issues and challenges in working with lesbian women and gay men. *The Counseling Psychologist*, **19**, 157-176.

葛西真記子（2011）同性愛・両性愛肯定的カウンセリング自己効力感尺度日本語版（LGB -CSIJ）作成の試み. 鳴門教育大学研究紀要, **26**, 76-87.

葛西真記子（2018）セクシュアル・マイノリティへの精神療法における倫理. 精神療法, **44**(1), 77-78.

葛西真記子（2019）マイノリティ共感（Inter-minority Empathy）──「性の多様性を認める態度」に関連する要因. 鳴門教育大学研究紀要, **34**, 136-141.

葛西真記子・小渡唯菜（2018）「性の多様性を認める態度」を促進する要因──セクシュアル・マイノリティ非当事者へのインタビュー調査. 鳴門教育大学研究紀要, **33**, 50-59.

葛西真記子・岡橋陽子（2011）LGB Sensitive カウンセラー養成プログラムの実践. 心理臨床学研究, **29**(3), 257-268.

葛西真記子・竹山典子（2014）多文化社会における心理援助：日本における教育と実践. 日本心理学会第78会大会.

Kimmel, S. B. & Mahalik, J. R.（2005）Body image concerns of gay men : The roles of minority stress and conformity to masculine norms. *Journal of Consulting and Clinical Psychology*, **73**, 1185-1190.

Klein, F., Sepekoff, B., & Wolf, T. J.（1985）Sexual orientation : A multi-variable dynamic process. Journal of Homosexuality, **11**, 35-49.

Meyer, L. H. & Dean, L.（1998）Internalized homophobia, intimacy and sexual behavior among gay and bisexual men. In Herek, G. M.（Ed.）*Stigma and sexual orientation.* California : SAGE Publications, pp. 160-186.

文部科学省（2015）性同一性障害に係る児童生徒に対するきめ細かな対応の実施等について. http : //www.mext.go.jp/b_menu/houdou/27/04/1357468.htm（2019年 4 月15日取得）

元木　新・葛西真記子（2019）性の多様性に関する研修プログラムの実践研究──就学前教育者を対象に. 日本心理臨床学会第38回大会.

小渡唯奈・葛西真記子（2017）「性の多様性を認める態度」を形成するプログラムの実践

30 第Ⅰ部 教育現場と LGBTQ+

研究. 日本心理臨床学会第36回大会.

Pedersen, P. (2000) *A handbook for developing multicultural awareness, Third edition.* American Counseling Association.

Perez, P. M., DeBord, K. A., & Bieschke, K. J. (2000) *Handbook of counseling and psychotherapy with lesbian, gay, and bisexual clients.* Washington DC : American Psychological Association.

Russell, S. T., Sinclair, K. O., Poteat, V. P., & Koening, B. W. (2012) Adolescent health and harassment based on discriminatory bias. *American Journal of Public Health,* **102**(3), 493-495.

Weinberg, G. (1972) Society and the healthy homosexual. New York : St. Martin's.

Wiseman, M. C. & Moradi, B. (2010) Body image and eating disorder symptoms in sexual minority men : A test and extension of objectification theory. *Journal of Counseling Psychology,* **57**(2), 154-166.

第3章
さまざまなセクシュアリティについて
理解する

片桐亜希

I　はじめに

「セクシュアリティに関わることに対して，なんでそんなに気軽に質問できるんだろう？」

「すごくセンシティヴな可能性が高い」

「私はずっと気にしていきたいと思うし，そうした方が傷つかない人が増えるんじゃないかな」

本稿を執筆する最中，ラジオからこのような趣旨の言葉が聴こえてきた。

その問題提起は，テレビ番組の収録中にスタッフから“恋人”の有無を尋ねられた，ある20代の女性アナウンサーによって投げかけられたものであった。マスメディアの現場に関わる人物によるこうした問いかけは珍しいと感じ，筆者は興味深くその語りを聴いた。

「恋人はいるの？」「彼氏／彼女はいないの？」「子どもはまだなの？」などという，気軽に聞けてしまうほどにありふれた質問が，なぜセンシティヴなのであろうか。

それは，質問を投げかけた他者がどのようなセクシュアリティをもっているか“わからない”からである。ならば仮に相手の女性が異性愛者であるとわかっていれば，「彼氏いるの？」と問うてよいのかといえば，そうではない。なぜなら，「異性愛者であること」以外のセクシュアリティが“わからない”からである。人間のセクシュアリティは，人それぞれに多様なものであり，秘密性が高く，その1つひとつが尊重され，誰からも侵されるべきも

のではないのだ。

　本章は，いわゆる「LGBTQ＋を理解すること」のみを目標とはしない。また，1つひとつの性の用語とその意味を辞書的に覚えることは重要ではない。なぜなら，樹木の1本1本を覚えたとしても森全体をとらえることができないのと同じように，「マイノリティ」のみを理解したり，用語の意味の1つひとつを覚えたところで，それの用いられる文脈を理解することにはならないからである。例えば，「バイセクシュアル」という用語の意味を覚えたとしても，バイセクシュアルを自認する当事者1人ひとりの体験までは理解できない。重要なのは，一部ではなく，むしろ個々の体験から得られる，セクシュアリティの文脈的な意味である。マジョリティ／マイノリティにかかわらず，セクシュアリティが人それぞれに多様であり，1人ひとりのセクシュアリティの背景にさまざまな文脈があるということを念頭に置きながら，「さまざまなセクシュアリティ」を理解するために知っておくべきことを解説する。

Ⅱ　セクシュアリティを構成する要素

　セクシュアリティ（sexuality）は，"人間の性のありよう"を指す言葉として知られている。それは，性的欲求にまつわるものや，社会的に構築される「性別」ないし「ジェンダー」に関わるもの，身体の器官に関係するものなど，さまざまな角度から理解される，人格を構成する極めて個人的な特性の1つである。

　近年では「SOGI」，すなわち「性指向（sexual orientation）」「性自認（gender identity）」という2つの要素でセクシュアリティをとらえることが一般的になりつつあるが，人間の性のありようは必ずしもそれらのみでは包括しきれない（図3-1）。具体的には，以下のような要素を挙げることができる。

1．性的身体の特徴

　性に関わる，人間の生得的な身体のつくりのことを指す。性染色体（XY・XX等），性腺（精巣・卵巣等），内性器（精管，子宮・卵管・膣），外性器（陰

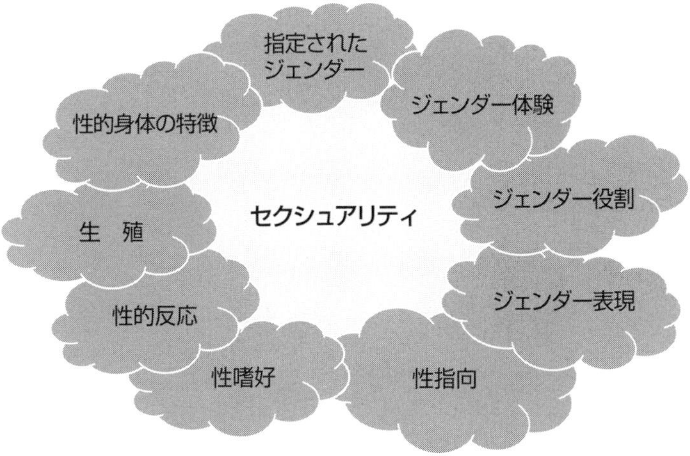

第3章　さまざまなセクシュアリティについて理解する　*33*

指定された
ジェンダー

ジェンダー体験

性的身体の特徴

ジェンダー役割

セクシュアリティ

生　殖

ジェンダー表現

性的反応

性嗜好　　　　性指向

図3-1　セクシュアリティのアウトライン

茎・陰嚢，陰核・陰唇)・性ホルモン(アンドロゲン，エストロゲン)などによっ
て理解される。先天的にさまざまな特徴がある(第5章「DSDs：体の性のさ
まざまな発達の基礎知識と学校対応」参照)。

2．指定されたジェンダー

「性的身体の特徴」を参照し社会的に付与される，いわゆる「性別」のこ
とを指す。個人を「男」と「女」のいずれかに指定し，いずれかであること
を期待するのは，社会的な要請によるものであるため，生得的に形成される
身体の特徴とは区別される。一般的には，出生時に，医師や助産師によって
「男」もしくは「女」のジェンダーが指定される。指定されたジェンダーは，
公的に身分を証明(IDカードや戸籍など)する情報の1つとして登録される
ことで強化される。日本では，特定の条件を満たした者について，希望に応
じて戸籍上のジェンダーを反対のジェンダーへ再指定することが法的に可能
となっている。

3．ジェンダー体験

「私は男だ」「私は女だ」「私は男でも女でもない」「幼少期は女だったが，

今は男の自分を生きている」など，個人がどのようなジェンダーを保持しているか，すなわち，内的に経験されるジェンダーのことを指す。「性自認・性同一性」の指示するものと近似するが，「性自認・性同一性」が，「性同一性障害」の診断の際など，他者から客観的に判定されることを想定した表現であるのに対し，「ジェンダー体験」は，人間1人ひとりに固有の，ごく主観的な「体験」としてとらえた表現であるといえる。

4．性指向

どういった性をもつ人に対して性的魅力を感じるかを示す言葉である。「好きになる（恋愛対象になる）性」と表現されることもあるが，「好きになる（恋愛感情を抱く）こと」と「性的関心を抱くこと」とは，必ずしも重なるとは限らない。このことから，「性指向」と「恋愛の指向」とを分けて説明する文献もある（Mardell, 2016）。

性指向には，①「性的に惹かれる」「性的欲求を抱く」こと，②「性行為を行う」こと，③「アイデンティティをもつ（自らの性指向をどのように受け止め，どのように内在化するか）」ことの3つの側面があり，1人の個人において，すべて同等に発現しないケースもあるということが指摘されている（平田，2014a）。

5．ジェンダー役割（ジェンダーロール／性役割）

「男（あるいは男の子・男性）は○○であるべき」「女（女の子・女性）なら○○でなければならない」といった，指定された特定のジェンダーへ向けられる，社会・文化的な影響を含む役割期待，ないし規範性のことである。

例えば，「男性は化粧をするべきではない」「女性は化粧をしなければならない」というジェンダー役割が一般的である文化の中で，ある男性が化粧をし，ある女性が化粧をしなかった場合，それぞれに対し「男らしくない」「女らしくしなさい」などといった同調圧力がかかる場合がある。そもそもジェンダー役割は，誰が定めたものでもない「マイルール」に過ぎないが，その「マイルール」が多くの人によって反復，実践されることによって，あたかも「社会・文化的ルール」であるかのように強化され，個々人へ取り込まれ，

内面化されていく。

6．ジェンダー表現

　身体的な外見や衣服の選択，しぐさなど，自ら発する（あるいは自ずと発される）表現のことを指す。内的な経験としての「ジェンダー体験」に対し，「ジェンダー表現」は外的な表出を指す。社会から個へ受動的に取り込まれる（また時に他者へ投影する）ものとしての「ジェンダー役割」に対し，個から社会へ能動的に表出されるのが「ジェンダー表現」である。

　例えば，ある髪の長い男性Aが温泉旅館の受付に立った時，受付の担当者Bから，男性向けのブルーの浴衣ではなく女性向けのピンクのそれを渡され，女性風呂の入浴時間について説明を受けたとする。Aを女性であると勘違いしたBの反応は，「男性は髪が短く，女性は髪が長いのが普通である」「女性にはピンクの浴衣を渡し，男性にはブルーの浴衣を渡すのが好ましい」というB自身のもつジェンダー役割に由来するものであって，A自身の髪の長さがどのようなジェンダー表現に由来するかは一切考慮されない。「ジェンダー表現」は，このように，他者のもつ「ジェンダー役割」との間で齟齬を生む可能性がある。

　また，「ジェンダー表現」は，必ずしも「ジェンダー体験」が反映されたものであるとは限らない。

7．性嗜好

　個人が性的に満足する，または性的に興奮するために必要とする，空想を含む刺激のことを指す。性的興奮を得ようとするすべての人にとって固有のものであり，同意の成立した人間との間で行われる性器接触やその空想も，性的嗜好の1つである。その他，窃視，露出，窃触，性的マゾヒズム／性的サディズム，小児性愛，各種フェティシズムなど，さまざまな嗜好がある。個人の有する性嗜好は，他害に及ぶなどの社会通念上好ましくないことが行われない限りにおいて尊重される。

　もとは同性愛も性嗜好（sexual preference）の1つと理解されていた。しかし，「preference」の表現に「自発的な選択」の意味合いが含まれており，

36　第Ⅰ部　教育現場とLGBTQ+

同性愛に関する偏見を生みやすいという問題が指摘されて以降，新たな術語
である性指向（sexual orientation）の1つとして同性愛を理解することが推
奨されるようになった（APA, 1991）。日本語でも，「性指向」と「性嗜好」
とは同音であることから混同されやすいが，両者の示す意味は異なる。

8．性的反応

性交等の性的状態における身体および心理的反応を指し，欲求相，興奮相，
絶頂相，解消相の4段階に分かれる（針間，2014a）。

9．生殖

生殖能力（産める・産めない）の問題と，生殖意思決定（産む・産まない）
の問題に分けて考えられる（針間，2014a）。

これら1.～9.の要素を組み合わせた総体が「セクシュアリティ」である。
例えば，職場の会議である「男性」と出会ったとして，その人の性的身体
の特徴やジェンダー体験，性指向，ジェンダー役割など，1つひとつの要素
についてすぐに理解できるだろうか。性指向が異性に向いているか同性・両
性に向いているか，ジェンダー体験が男性ジェンダーなのか女性ジェンダー
なのか，あるいはそれ以外のジェンダーなのか，というように，本人から詳
細なカミングアウトを受けない限り判明しない情報は，思いのほか多いので
ある。
このように，それぞれの要素を丁寧に検証していくと，誰にとってもセク
シュアリティが固有のものであり，他者とまったく同一のセクシュアリティ
をもつことはないということ，そして，私たちが出会う他者のセクシュアリ
ティは，そのほとんどの側面について，わかったつもりになっているだけで
実は明らかになっていないことがわかる。すなわち，他者のセクシュアリティ
は「自明に見えるようで自明ではない」のである。
翻って，仮に上記の項目を並べ，「あなたのセクシュアリティについてお
聞かせください」というインタビューを受ける場面を想像してほしい（表3-
1）。すべて詳らかに回答できるであろうか。むしろ，あえて意識化せずに

第3章　さまざまなセクシュアリティについて理解する　37

表 3-1　自らのセクシュアリティと向き合う試み

Q. あなたのセクシュアリティを具体的に教えてください

1．性的身体の特徴	
2．指定されたジェンダー	
3．ジェンダー体験	
4．性指向	
5．ジェンダー役割	
6．ジェンダー表現	
7．性嗜好	
8．性的反応	
9．生　殖	

おいていた側面や，隠しておきたい側面，返答に窮する側面に気づくことは
ないだろうか。その背景には，「自分のセクシュアリティは多くの人のそれ
とは違うのではないか」「正直に答えたら嫌悪感を抱かれるのではないか」
という不安があるかもしれないし，自身のセクシュアリティと向き合うこと
や，詳らかにすること自体への負い目，恥ずかしさ，あるいは不快感がある
かもしれない。そうした答えづらさは，いわゆる LGBTQ＋の当事者にとっ
ての「カミングアウトのしづらさ」「セクシュアリティとの向き合いづらさ」
と通底するものである。このようなことから，セクシュアリティの秘密性が
1人ひとりにとって高いものであると理解されるのではないだろうか。

Ⅲ　さまざまなセクシュアリティの名前

　セクシュアリティが人それぞれに多様であり，必ずしも自明でないことを
前提とするとはいえ，自明でないまま措くのみで他者を十分に理解すること
は難しい。人間の多種多様な性のありようは，そこに名前を付し，カテゴラ
イズすることで理解が図られ，またある時は，あえて名前を意識する必要が
ないほどに当然視されてきた。
　では，さまざまにあるセクシュアリティには，具体的にどのような名前が

付され，整理されてきたのであろうか。ここでは，先に示したセクシュアリティの構成要素を参考にしながら確認する。

1．シスジェンダー（cisgender）

〈指定されたジェンダー〉と〈ジェンダー体験〉とが同一である状態として説明され，トランスジェンダーに対してシスジェンダーはマジョリティである。シスジェンダーの中にはさまざまな〈性指向〉をもつ人がいる。接頭語「cis-」は，「こちら側」「同じ側」を意味する。

2．ヘテロセクシュアル／異性愛（heterosexual）

〈ジェンダー体験〉とは反対の性別への〈性指向〉をもつ状態。〈ジェンダー体験〉が男性なら女性へ，女性なら男性への性指向をもつ。〈性指向〉という切り口においてヘテロセクシュアルはマジョリティであるといえる。ヘテロセクシュアルの中にはシスジェンダーとトランスジェンダーがいる。接頭語「hetero-」は，「他の」「異なった」を意味する。

3．トランスジェンダー（transgender）

〈指定されたジェンダー〉とは別の"何らかのジェンダー"を〈体験〉し，時に〈表現〉する。LGBTQ＋の「T」にあたる。"何らかのジェンダー"には，〈指定されたジェンダー〉とは反対のジェンダーである場合と，「男」と「女」のいずれにも該当しないジェンダー，いわゆる「Xジェンダー」「ノンバイナリー（non-binary）」「ジェンダークィア（genderqueer）」の場合などがある。前者のうち，〈指定されたジェンダー〉が「女」で〈ジェンダー体験〉が「男」の場合を「トランス男性（transboy, transman）」もしくは「FtM（female to male）」，逆に〈指定されたジェンダー〉が「男」で〈ジェンダー体験〉が「女」の場合を「トランス女性（transgirl, transwoman）」もしくは「MtF（male to female）」ということがある。トランスジェンダーの〈性指向〉はまちまちである。接頭語「trans-」は，「向こう側」「他の側」を意味する。

第3章　さまざまなセクシュアリティについて理解する　39

4．同性愛

〈ジェンダー体験〉と同一のジェンダーへの〈性指向〉をもつこと。女性（トランス女性を含む）の同性愛を「レズビアン（lesbian）」といい，男性（トランス男性を含む）の同性愛を「ゲイ（gay）」という。レズビアンが「LGBTQ＋」の「L」，ゲイが「LGBTQ＋」の「G」にあたる。レズビアンとトランス男性，ゲイとトランス女性とは混同されやすいが，同性愛であることとトランスジェンダーであることとは，性質のまったく異なる問題であるから，注意が必要である。

5．バイセクシュアル／両性愛（bisexual）

〈ジェンダー体験〉と同一，ならびに反対のジェンダーへの〈性指向〉をもつこと。「LGBTQ＋」の「B」にあたる。接頭語「bi-」は，「２つ」「両方」を意味する。つまり，「男」と「女」の両方に性指向が向くのがバイセクシュアルである。バイセクシュアルの中にも，シスジェンダーとトランスジェンダーがいる。

6．エイセクシュアル（asexual）

誰に対しても性的魅力を感じない，〈性指向〉をもたないこと。ヘテロセクシュアルやホモセクシュアル，バイセクシュアルなど，何らかの〈性指向〉をもつことが当然視される社会において，エイセクシュアルはマイノリティである。接頭語「a-」は，「非」「無」を意味する。「アセクシュアル」ともいう。

7．パンセクシュアル（pansexual）

〈体験するジェンダー〉を含むあらゆるジェンダーへの〈性指向〉をもつこと。接頭語「pan-」は，「すべて」を意味する。

8．性分化疾患（disorders of sex development），または DSDs：性的身体の発達のさまざまな差異（differences of sex development）

〈性的身体の特徴〉が，平均的に理解されるそれとは先天的に異なる男女

40　第Ⅰ部　教育現場と LGBTQ＋

のことを指す。単一の身体の状態ではなく，約30種類ほどの症候群の総称である。従来は，DSDs の中でも出生時に性器の見た目が違う女児・男児に対し，可能な限り早期に性器の見た目を平均的な形状に近づける手術を行うべきとされてきたが，粗雑な手術によって性器の感覚を失うなどのケースもあり，1990年代後半以降，手術は本人へのインフォームドコンセントを行った上でとの考え方も興っている。平均的な〈性的身体の特徴〉をもつ人々と同じように，DSDs 当事者の多くはシスジェンダー・ヘテロセクシュアルだが，LGBTQ＋の人もいる。DSDs が指し示すのは，〈性的身体の特徴〉が「これが女性／男性の体である」といった固定観念と異なることのみであって，DSDs 当事者のジェンダーを「男でも女でもない」と規定するのは誤りである（詳細は第 5 章を参照されたい）。

Ⅳ　無限に広がるセクシュアリティ

　ここまで，数あるセクシュアリティの名前のいくつかを取り上げて解説した。しかし，あるセクシュアリティをカテゴライズし，1 つの名前で包含すれば，そのカテゴリーの枠組みから排除される人が必ず生まれる。よって，特定のセクシュアリティを示す言葉は，当事者の間で無数に生じうると考えてよい。例えば，「X ジェンダー」という言葉は，90年代，関西地区のトランスジェンダーコミュニティにおいて，「トランス男性」にも「トランス女性」にも所属感をもてない当事者の間でつくられたものといわれており（吉永，2000），もとをたどれば当事者発信の，ローカルな表現である。このように，自身のセクシュアリティを表すのに適切な言葉が見当たらないのだとすれば，新しくつくればよいのであって，今ここに示したいくつかのセクシュアリティのどれかに帰属すればよい，あるいは当てはめればよいというものではない。

　加えて，1 人ひとりのセクシュアリティは，簡潔に一言で説明できるものでもない。「ヘテロセクシュアル」の中にさまざまな〈ジェンダー体験〉や〈ジェンダー役割〉〈ジェンダー表現〉をもつ人がいるのと同じように，「ゲイ」や「レズビアン」「バイセクシュアル」の中にもさまざまなジェンダー

第3章　さまざまなセクシュアリティについて理解する　41

を有する人がいる。〈性指向〉が「男」であるという時，〈性的身体の特徴〉から見た「男性」に限られるのか，「トランス男性」を含む〈ジェンダー体験〉としての「男性」を指すのかは，ケースバイケースである。「バイセクシュアル」と一口に言っても，異性と同性にどの程度の割合で惹かれる傾向があるかは，当事者おのおのによって異なる。トランスジェンダーであることをカミングアウトできないケース，周囲にトランスジェンダーであることを承認されないケースなど，〈ジェンダー体験〉に対応した〈ジェンダー表現〉をとれない当事者もいる。異性と交際する「ヘテロセクシュアル」であっても，性的関心はどの性にももたない「エイセクシュアル」である可能性もある。

　いずれにしても，ここに示したセクシュアリティの名前の多くは，人それぞれがそれぞれの意味で用いているため，常に意味を問い直され，積極的に境界線を引き直され続けるものであるといえるだろう。他者のセクシュアリティを支えるという文脈においては，辞書を開いて「"ゲイ"とは何か」を問うよりもむしろ，「その人にとって"ゲイであること"は何を意味するのか」という問題について耳を傾けることが優先されるべきである。

V　「LGBTQ＋」の病理化と排除

　さて，前項では，いわゆる「マイノリティ」とされるセクシュアリティの他に，「マジョリティ」とされるところの「シスジェンダー」と「ヘテロセクシュアル」を取り上げた。両者とも，さまざまにあるセクシュアリティのうちの1つである。しかし，多くの「シスジェンダー」「ヘテロセクシュアル」の人々にとって，自身が「シスジェンダーであること」「ヘテロセクシュアルであること」に関心が払われることはあまりないと思われる。それは，「シスジェンダー」と「ヘテロセクシュアル」というセクシュアリティが社会における「マジョリティ」であり，私たちが「シスジェンダーであること」あるいは「ヘテロセクシュアルであること」を当然視する価値観（性別一致主義［シスジェンダリズム］，異性愛主義［ヘテロセクシズム］）の中で生活しているからにほかならない。そうした社会にあっては，「マジョリティ」側の

セクシュアリティが顧みられることのないまま，同性愛や両性愛，トランス
ジェンダーといったその他のセクシュアリティをもつ人々のみが，性的に異
端な「マイノリティ」であるとされ，排除されてきた。

1．同性愛の病理化と排除

近代化以前の日本において，結婚相手との生殖のための性交渉（日常）と，
性愛・情事としての性交渉（非日常）とは明確に区分されていた。長島（2017）
によれば，近世社会で重要視されていた性規範は，一対の夫婦による「家」
の成立を前提とした，子どもの出産と育児である（長島，2017）。つまり，非
日常の性交渉は，家制度を維持するための日常の性交渉から切り離された行
為であったといえる。非日常の性交渉は「色事」「色道」と呼ばれ，男性が
女性と情事に及ぶことは「女色」，男性が男性と情事に及ぶことは「男色」
と表現され，いずれの色道もその主体は男性であった。

男色自体の社会的な扱いについては，好意的に扱われた史料が豊富に残っ
ていることを根拠に寛容であったとする説（Leupp, 1995）もあれば，長島
（2017）のように「家」の維持と切り離された行為であることを根拠に，必
ずしも寛容とはいえなかったとする説もある。「男色」の対象となるのは，武
士にとっての家来や僧侶にとっての稚児，町人にとっての陰間（女装した男
娼）や若衆などであり，「男色」は，対等な関係というよりもむしろ「兄貴
分−弟分」「見初め−見初められる」「買う−買われる」という，非対等な関
係性によって維持されるところが大きかった。他方，「女性は色欲に乏しい
もの」（長島，2017）とみなされていたことから，女性を主体とした男性との
情事，また女性同士の情事を示す表現は存在せず，これらは想定の外にあっ
たものと考えられている。これらの点で，「色事」のうちの同性との性交渉
と，同性同士の対等な関係が結ばれる現代のホモセクシュアルとは差異が認
められる。

限定的ながら同性同士の性交渉が受容されていた日本とは対照的に，西洋
における同性愛関係は，宗教的な背景から嫌悪され，禁忌とされてきた文化
をもつ。平田（2014b）によれば，宗教的に「罪」とされた同性愛は，18世
紀に「犯罪」とされ，次いで「病理」であるという扱いを受けた。同性愛を

「病理」とする考え方は，明治以降の日本に精神医学の形をとって輸入される。これをきっかけとして，同性間の性交渉は「正常でない行為」として異性間の「正常な性交渉」から分節化され，マイノリティである同性愛者はすなわち「変態性慾」の持ち主であるという価値観が，（西洋において同性愛を「罪」とする宗教上の根拠の抜け落ちた形で）日本でも広まることとなった。

　戦後の精神医学においても，同性愛は長く性的に逸脱，倒錯した状態として理解され，病理化されていたが，アメリカ精神医学会が刊行する診断基準であるところのDSM-Ⅲに記述されていた「自我違和性（異質性）同性愛」の項が，DSM-Ⅲ-R（1987）の改訂で削除された（APA, 1987）ことによって，ついに脱病理化された。

　平田（2014b）は，こうした近代以降の精神医学における同性愛の扱いに関して，「同性愛を『犯罪』から外す役割を果たしはしたが，代わりに同性愛を『病気』扱いにすることによって，新たなスティグマを付与する担い手になった」と総括している。

2．トランスジェンダーの病理化と排除

　日本文化における男性から女性，女性から男性へのジェンダーを越境する性のありようは，「宗教的職能（男装の巫女，稚児など）」「芸能的職能（歌舞伎，宝塚歌劇など）」「飲食接客的職能（陰間，ニューハーフ，ミス・ダンディなど）」「性的サービス的職能（セックスワーク）」「男女の仲介者的職能」（三橋，2008）と，一部の職業従事者に限定した形をとりつつも，おおむね受容されてきた歴史をもつことが知られている。しかし，近代化以降，ジェンダーを越境するあり方は，西洋の精神医学の流入によって，同性愛と同じく「変態性慾」の１つとされ，社会的に排除される。トランスジェンダーを「病理」とする考え方は，身体的性別を自らの〈ジェンダー体験〉へ近づける医療行為が可能になったことによって，より強固なものとなる。

　その大きな契機となったのが，1998年，埼玉医科大学で，公式なものとしては国内初の性別適合手術が行われたことであった。この時，トランスジェンダーは，それ以前から非公式に性転換を果たしていたトランスジェンダーとは分断される形で，「性同一性障害（Gender Identity Disorder）」という「診

44　第Ⅰ部　教育現場とLGBTQ＋

表3-2　DSM-5における「性別違和」の診断基準（抜粋）

子どもの性別違和

A．その人が体験し，または表出するジェンダーと，指定されたジェンダーとの間の著しい不一致が，少なくとも6カ月，以下のうちの6つ以上によって示される（その中の1つは基準A1でなければならない）。

（1）反対のジェンダーになりたいという強い欲求，または自分は違うジェンダー（または指定されたジェンダーとは異なる別のジェンダー）であるという主張

（2）（指定されたジェンダーが）男の子の場合，女の子の服を身につけること，または女装をまねることを強く好む。また，（指定されたジェンダーが）女の子の場合，定型的な男性の衣服のみを身につけることを強く好み，定型的な女の子の衣服を着ることへの強い抵抗を示す。

（3）ごっこ遊びや空想遊びにおいては，反対のジェンダーの役割を強く好む。

（4）反対のジェンダーに定型的に使用されたりまたは行われたりする玩具やゲームまたは活動を強く好む。

（5）反対のジェンダーの遊び友達を強く好む。

（6）（指定されたジェンダーが）男の子の場合，男の子に定型的な玩具やゲーム，活動を強く拒み，乱暴で荒々しい遊びを強く避ける。また，（指定されたジェンダーが）女の子の場合，女の子に定型的な玩具やゲーム，活動を強く拒む。

（7）自分の性器の構造を強く嫌悪する。

（8）自分の体験するジェンダーに合う第一次および第二次性徴を強く望む。

B．その状態は，臨床的に意味のある苦痛，または社会，学校，または他の重要な領域における機能の障害と関連している。

青年および成人の性別違和

A．その人が体験し，または表出するジェンダーと，指定されたジェンダーとの間の著しい不一致が，少なくとも6カ月，以下のうちの2つ以上によって示される。

（1）その人が体験し，または表出するジェンダーと，第一次および／または第二次性徴（または若年青年においては予想される第二次性徴）との間の著しい不一致

（2）その人が体験し，または表出するジェンダーとの間の著しい不一致のために，第一次および／または第二次性徴から解放されたい（または若年青年においては，予想される第二次性徴の発現をくい止めたい）という強い欲求

（3）反対のジェンダーの第一次および／または第二次性徴を強く望む。

（4）反対のジェンダー（または指定されたジェンダーとは異なる別のジェンダー）になりたいという強い欲求

第3章　さまざまなセクシュアリティについて理解する　45

（5）反対のジェンダー（または指定されたジェンダーとは異なる別のジェンダー）として扱われたいという強い欲求
（6）反対のジェンダー（または指定されたジェンダーとは異なる別のジェンダー）に定型的な感情や反応をもっているという強い確信
B．その状態は，臨床的に意味のある苦痛，または社会，職業，または他の重要な領域における機能の障害と関連している。

断名」で広く知られることとなった。この時点からトランスジェンダーは，明確に「病理」の文脈で語られるようになった。その背景には，〈生物学的性別体の性のつくり〉と〈性同一性〉とは一致しているのが「正常」なあり方であって，〈性同一性〉が障害されているのであれば，本人の望む〈性的身体の特徴〉へ近づけるよう治療を行い，それに応じ，生まれもって〈指定されたジェンダー〉を再指定し，「正常」なあり方に適応させるべきである，という価値観が横たわっていた。

　現在でも，トランスジェンダーのうち，特に〈指定されたジェンダー〉と〈ジェンダー体験〉との不一致感に起因する著しい苦痛や，社会生活における困難を覚える者，身体的治療や〈指定されたジェンダー〉の変更など，ジェンダー移行を求める者に対し，「性別違和(Gender Dysphoria)」(2014年のDSM-5改訂で「性同一性障害」から改称)という診断名が与えられることがある（表3-2）。「性別違和」は，「性同一性障害」よりも記述的な用語として提唱された。ここでは，「性同一性」が「障害」されているかどうかではなく臨床的問題としての不快感に焦点づけられており，その診断基準は，針間(2014b)によれば，状態像としての「トランスジェンダー」とほぼ一致するものであると考えられている。

　一方で，トランスジェンダーの中には，外形的なジェンダー移行を志向しない者や，必ずしも"反対の"ジェンダーを体験しない者，異性装行動のみによって自らの〈ジェンダー体験〉を表現する者など，「性別違和」の診断を必要としない者も少なくない。また，「トランスジェンダー」が自己を規定"する"名前であるのに対し，「性別違和／性同一性障害」は医療的あるいは法的に他者から規定"される"名前である。したがって，「トランスジェンダー」と「性別違和／性同一性障害」とを等号で結ぶことは誤りである。

「性別違和／性同一性障害」は，社会的に規定されるセクシュアリティの名前の１つととらえることができるかもしれない。

「性同一性障害」に関わる治療システムや法律（表3-3）は，現に性別移行を求める多くの当事者を救ってきたが，そうした当事者が「正当化」される一方で，「性同一性障害」とされないトランスジェンダーを社会的に疎外してきたこともまた事実である（三橋，2010）。

トランスジェンダーは，「性同一性障害」と「"非"性同一性障害」とに分断されてきたと言い換えることもできよう。

Ⅵ　セクシュアリティの不確実性，流動性

ここまで，さまざまなセクシュアリティを具体的に取り上げてきたなかで，他者のセクシュアリティについて必ずしも自明ではないということを確認してきたが，本項では翻って，他者自身，あるいは自分自身のセクシュアリティについて自明ではない可能性について検討する。実際に，自身の〈ジェンダー体験〉や〈性指向〉がわからない，いまだ模索中・探究中であるという時に，「クエスチョニング（questioning）」という言葉が用いられることがある。セクシュアリティが時に不確実である，流動的であるとは，いったいどういうことであろうか。

例えば，〈ジェンダー体験〉が生得的で固定的なものであるかといえば，必ずしもそうとはいえないことが知られている。中村（2006）は，人間の体験が非常に主観的であることと，同じ体験でもそれをどう感じ，考え，反応するかは人によってまちまちであることを指摘した上で，「ジェンダー・アイデンティティ（性自認ないし性同一性。本稿の表現では〈ジェンダー体験〉）」を，「身体のさまざまな特徴が，個々の文化・社会生活を通じて自己のアイデンティティ形成とどのように関わるかということについて得た，極めて個人的で主観的な解釈であり，更新し続けられる」ものととらえている。この論考からは，〈ジェンダー体験〉に耳を傾ける際の，個々の特性や主観的体験を参照することの必要性が読み取れる。

現に，セクシュアリティの不確実性，流動性に関する実証研究や臨床報告

第3章　さまざまなセクシュアリティについて理解する　47

表3-3　性同一性障害に関連する法律

性同一性障害者の性別の取扱いの特例に関する法律（抜粋）

平成十五年法律第百十一号

（趣旨）

第一条　この法律は，性同一性障害者に関する法令上の性別の取扱いの特例について定めるものとする。

（定義）

第二条　この法律において「性同一性障害者」とは，生物学的には性別が明らかであるにもかかわらず，心理的にはそれとは別の性別（以下「他の性別」という。）であるとの持続的な確信を持ち，かつ，自己を身体的及び社会的に他の性別に適合させようとする意思を有する者であって，そのことについてその診断を的確に行うために必要な知識及び経験を有する二人以上の医師の一般に認められている医学的知見に基づき行う診断が一致しているものをいう。

（性別の取扱いの変更の審判）

第三条　家庭裁判所は，性同一性障害者であって次の各号のいずれにも該当するものについて，その者の請求により，性別の取扱いの変更の審判をすることができる。

　一　二十歳以上であること。

　二　現に婚姻をしていないこと。

　三　現に未成年の子がいないこと。

　四　生殖腺がないこと又は生殖腺の機能を永続的に欠く状態にあること。

　五　その身体について他の性別に係る身体の性器に係る部分に近似する外観を備えていること。

2　前項の請求をするには，同項の性同一性障害者に係る前条の診断の結果並びに治療の経過及び結果その他の厚生労働省令で定める事項が記載された医師の診断書を提出しなければならない。

（性別の取扱いの変更の審判を受けた者に関する法令上の取扱い）

第四条　性別の取扱いの変更の審判を受けた者は，民法（明治二十九年法律第八十九号）その他の法令の規定の適用については，法律に別段の定めがある場合を除き，その性別につき他の性別に変わったものとみなす。

2　前項の規定は，法律に別段の定めがある場合を除き，性別の取扱いの変更の審判前に生じた身分関係及び権利義務に影響を及ぼすものではない。

48 第I部 教育現場とLGBTQ＋

も行われている。佐々木 (2017) は，「Xジェンダー」当事者に対する自由記述調査を行った上で，「Xジェンダー」を「過渡型（明確に女性あるいは男性と自己定義できず過渡期にあり，現状では両性やどちらでもないと自己をみなすありよう）」「揺曳型（性自認が揺れていて両性やどちらでもないと自己をみなすありよう）」「積極型（規定されない性同一性であることに積極的な意味を見出しているありよう）」の3つのクラスタに分類した。特に「過渡型」は〈ジェンダー体験〉の不確実性を，「揺曳型」は〈ジェンダー体験〉の流動性を裏付けているものといえよう。

　とりわけ，思春期の〈ジェンダー体験〉について，針間 (2014c) も「揺らいだり変わったりする可能性がまだ大きい」と指摘するように，とりわけ教育現場では，〈ジェンダー体験〉が流動的である可能性を強く意識する必要があるだろう。

　〈性指向〉についても同様である。Diamond (2016) は，時間軸の進行や環境の変化，交友関係などの状況に依存しながら，〈性指向〉が同性へ向いたり異性へ向いたりする性のありようとして，「Sexual Fluidity（セクシュアリティの流動性）」という概念を提唱している。〈性指向〉もまた，厳密に同性愛／異性愛と規定できるとは限らず，流動的でありうることが，ここでは示唆されている。

　ここで注意しておきたいのは，他者のセクシュアリティが固定的／流動的である，もしくは確実／不確実である，という問題について，どちらがより好ましいか，どちらであるべきかという議論が挟み込まれるべきものではない，ということである。なぜなら，「固定的／流動的である"べき"」「不確かであるよりも確かであった方がよい」というものの見方自体が，個人の主観的な〈ジェンダー役割〉に依存するものだからである。他者のセクシュアリティを理解する上で重要なのはむしろ，他者の固定的な，ないし流動的な性のありようを丸ごと抱えもつという姿勢であり，自分のセクシュアリティがわからないという当事者を「わからない」気持ちごと支えるという視点なのではないだろうか。

Ⅶ　おわりに

　ところで，冒頭で取り上げた，「恋人はいる？」というありふれた質問がセンシティヴであることの理由は，理解されたであろうか。

　「恋人はいる？」という質問は，「まだ恋人できないの？」というニュアンスを伴い，「恋愛」という選択肢をもたない人へ投げかけられるかもしれない。「彼女はいないの？」という質問は，「君も男なら彼女のひとりでもつくるべきだ」という意図を伴って，「彼女」をもちえない人や，性指向の明確に定まっていない人へ向けられるかもしれない。「子どもはまだなの？」という質問が，「結婚したのなら子どもを産むのが当たり前」という言外のメッセージとともに，子どもをもてない人や，子どもをもたないことを選択した人へ向けられるかもしれない。

　セクシュアリティは，人間1人ひとりに固有な特性である。例えば，「男なら女性を好きになるものだ」という，自らにとって当たり前の価値観が，目の前にいる他者にとってあたらない可能性がある。「男なら女性を好きになるものだ」という価値観が，「男として男性を好きになる」という性のありようを抑圧し，5対1，10対1，100対1と増幅した時，「マジョリティ」と「マイノリティ」との間に一方的な権力関係が生まれる。そして，気軽に発されがちなそうした価値観が，「周りと同じように女性を好きになれない自分は間違っているのだ」「自分は他人には言えないセクシュアリティをもっているのだ」というように受け取られることで，他者の自己肯定感を傷つけてしまう可能性がある。

　目の前の他者のセクシュアリティは，自らのセクシュアリティとは異なっていて，話を聞かない限りは"わからない"ことが大前提である。ゆえに，セクシュアリティに関わる質問はセンシティヴであり，投げかけることに慎重でなければならないのである。

　「年頃の女性は男性と交際し，結婚を考えるのが好ましい」という自らのジェンダー役割に気づき，他者のジェンダー役割と自らのジェンダー役割とが必ずしも一致しないことに想像をめぐらせていれば，「彼氏はいないの？」

という自らのジェンダー役割を含んだ質問を気軽に他者へ向かって押しつけることはないであろう。

　こうした姿勢は，当然のことながら，教育や心理臨床の現場にも応用できるものである。教室にいる30人の生徒がそれぞれにどういったセクシュアリティをもっているかはわからないし，教壇に立つ自分自身もまた，他者とは異なる固有のセクシュアリティを有しているということを忘れてはならない。セクシュアリティに関わる自己の発言や，他者の発言に対する自己の反応は，すべて自己のセクシュアリティに起因するものである。自己のセクシュアリティに関して深く理解することは，他者のセクシュアリティを尊重し，他者のセクシュアリティを理解することに必ず役に立つはずである。

文　献

American Psychiatric Association（APA）（1987）*Quick reference to the diagnostic criteria from DSM-III-R*. Washington D. C.: American Psychiatric Publishing.（高橋三郎・花田耕一・藤縄　昭訳（1988）DSM-III-R　精神障害の分類と診断の手引　第2版．医学書院）

American Psychologist Association（1991）Avoiding heterosexual bias in language. *American Psychologist*, 46（9），973-974.

American Psychiatric Association（2013）*Diagnostic and statistical manual of mental disorders, Fifth edition*. Arlington, VA: American Psychiatric Publishing.（高橋三郎・大野裕監訳（2014）DSM-5　精神疾患の診断・統計マニュアル．医学書院）

Diamond, L. M.（2016）Sexual fluidity in male and females. *Current Sexual Health Reports*, 8（4），249-256.

針間克己（2014a）セクシュアリティの概念．（針間克己・平田俊明編著）セクシュアル・マイノリティへの心理的支援——同性愛，性同一性障害を理解する．岩崎学術出版社, pp. 15-25.

針間克己（2014b）DSM-5のGender Dysphoria：性別違和．（針間克己・平田俊明編著）セクシュアル・マイノリティへの心理的支援——同性愛，性同一性障害を理解する．pp. 100-106，岩崎学術出版社．

針間克己（2014c）思春期の性同一性障害の学校現場における対応．（針間克己・平田俊明編著）セクシュアル・マイノリティへの心理的支援——同性愛，性同一性障害を理解する．pp. 192-198，岩崎学術出版社．

平田俊明（2014a）レズビアン，ゲイ，バイセクシュアル支援のための基本知識．（針間克己・平田俊明編著）セクシュアル・マイノリティへの心理的支援——同性愛，性同一性障害を理解する．岩崎学術出版社, pp. 26-38.

平田俊明（2014b）精神医学と同性愛．（針間克己・平田俊明編著）セクシュアル・マイノリティへの心理的支援——同性愛，性同一性障害を理解する．岩崎学術出版社, pp. 60-72.

Leupp, G. P.（1995）*Male colors : The construction of homosexuality in Tokugawa Japan.* The University of California Press.（藤田真利子訳（2014）男色の日本史──なぜ世界有数の同性愛文化が栄えたのか．作品社）

Mardell, A.（2016）*The ABC's of LGBT +*. Mango.（須川綾子訳（2017）13歳から知っておきたいLGBT +．ダイヤモンド社）

三橋順子（2008）女装と日本人．講談社現代新書.

三橋順子（2010）トランスジェンダーをめぐる疎外・差異化・差別．（好井裕明編著）差別と排除の〔いま〕第6巻　セクシュアリティの多様性と排除．明石書店, pp. 161-191, ．

長島淳子（2017）江戸の異性装者（クロスドレッサー）たち──セクシュアルマイノリティの理解のために．勉誠出版.

中村美亜（2006）新しいジェンダー・アイデンティティの構築に向けて──生物・医学とジェンダー学の課題．ジェンダー＆セクシュアリティ，2，3-23.

佐々木掌子（2017）トランスジェンダーの心理学──多様な性同一性の発達メカニズムと形成．晃洋書房.

性同一性障害者の性別の取り扱いの特例に関する法律　http : //elaws.e-gov.go.jp/search/elawsSearch/elaws_search/lsg0500/detail?lawId=415AC1000000111&openerCode=1（2018年10月30日取得）

吉永みち子（2000）性同一性障害──性転換の朝．集英社新書.

第4章
LGBTQ+と発達障害

伊藤瑠里子

I はじめに

　セクシュアリティとは本当に奥が深く，それぞれの様相は多様である。教育，福祉，医学などなど，さまざまな側面から考えていかないと当事者のことを理解することは難しいと思われる。この章ではその側面の1つとして，LGBTQ+と発達障害の関係を知っていただきたい。

　「発達障害」と聞くと，どのようなことを思い浮かべるだろうか。発達障害という言葉がマスメディアなどからも聞かれるようになって久しいが，その認識は世間の中で独り歩きしているようにも感じられる。発達障害＝困る人，迷惑をかける人である認識をもっていると聞くこともあれば，空気の読めない発言などに対してアスペルガー障害を揶揄して「アスペ」と表現する等，言葉が広く知られる反面，間違った知識，認識が横行していると感じる場面も比例して多くなってきている。また，同様に間違った認識であるにもかかわらず，発達障害であることは親の養育や環境のせいにもされる場合があり，まだまだすべての人が正確に理解するには時間がかかりそうである。

　特に日本社会での発達障害の認識はネガティブなものが多い。「障害」と名前のつくものに関して欧米のdisorder, disabilityなどの言葉の多様性に比べ，日本の言語では「障害」と1つの言語でしか表現されないため，見る人の認識やとらえ方が深刻になりやすい可能性があり，個人の特徴をとらえる上で弊害になってしまうかもしれない。しかし，発達障害にもさまざまな側面があることを知ってもらいたい。起こる症状も単一ではなく，複合する場

合が多く，症状の重症度や重なりの度合いもスペクトラムであり，移ろうものでもある。子どもの頃に発達障害であると診断を受けた人が，大人になってそう診断されなくなることもあれば，子どもの頃には特に指摘されなかったが，大人になってから発達障害であると診断を受ける人もいる。発達障害に関わる専門家には，すべての人は誰でも発達障害の要素を少しはもっており，性格や個性の1つと表現することもあり，大事な能力の1つであると考える人もいる。私たち人間のあり方を語る上では，発達障害はセクシュアリティと同じくらい身近で，さまざまな価値観の上に成り立つ，多様性に富んだ症状であるともいえるかもしれない。

　実際，発達障害者のもつ特性は発達障害をもたない人にとっては真似することのできない素晴らしいものであることも多い。発達障害の秘めたる可能性の側面も理解しつつ，周囲とのやりづらさや，本人が抱える困難さを考えていくことも1つの手立てである。また，本人と周囲が過ごしやすい環境を整えるために，教育をはじめとした，医療，福祉，家族が協力していくことが非常に重要である。

　こうした発達障害の特徴は，LGBTQ＋の多様性と似たようにとらえることができるとも考えられる。両者は個性であり，その人の生き方であり，診断名であり，分類であり，とらえ方次第でいかようにも変わる可能性をもっているからだ。早期の診断，治療ももちろん大切な場合もあるが，当事者の個別性を理解し育むこと，当事者とその周囲の人たちの社会的な不適応感や，困難さを軽減すること，という環境への働きかけも必要不可欠である。こうした両者の共通点や，両方の症状をあわせもつ場合の様相を本章で少しでも感じ，理解してもらうことで，LGBTQ＋をより多視覚的な考えをもって見つめてもらいたい。そうすることでLGBTQ＋の当事者と家族，友達，学校の先生などの当事者に関わるすべての人々，またこれから関わるかもしれない人々への1つのヒントになればと思う。

54 第Ⅰ部 教育現場とLGBTQ＋

Ⅱ　発達障害とセクシュアリティの困難さを抱えた事例から考える

　以下の2つは実際に存在した事例や，筆者の経験も踏まえて作成した架空事例である。発達障害とセクシュアリティの困難さを抱えたものを題材とした。当事者の支援者としてどのように関わるか考えながら読み進めていただきたい。

1．Aさんの事例

　Aさんは中学生であり，生まれてから男性として生活してきた。クラスメイトとの関係では，小学校から仲のよい小グループがあり，そこに所属していた。中学生になり，学校や遊びの話題が少しずつ変化していき，異性への興味が出てきたことも影響し，女性芸能人や女性アイドルグループに，友人グループのみんなが共鳴するようにのめり込んでいった。しかし，Aさんは1人その輪に入ることに困難さを抱えていた。そもそも女性芸能人やグループに，みんなが感じているほど興味をもつことができないこと，かわいいクラスの女子がいて，男子がひそかに注目し騒いでいることも理解ができなかった。そして，その場では合わせることはできるものの，少しずつ自分が他の人と違うのではないか，自分はおかしいのではないか，と疑問が湧いていった。それは次第に大きな不安となり，男子が女性の話で盛り上がっているのを見るだけでも，大きなストレスとなっていった。

　また，昔からAさんは調理師である両親の影響もあり，お菓子づくりが大好きだった。人に振る舞うことも好きであり，最初は遠慮していたものの，偶然Aさんの趣味を知った女子の勧めで，自分で作ったものを学校にもって行くことになった。Aさんの作ったお菓子はとてもおいしく，同じようにお菓子づくりが好きな女子や先生に食べてもらうような流れになっていった。Aさんは食べた人みんながおいしいといってくれることから，自分が人に認められているような，誇らしい気持ちになり，男子と過ごしていた時に感じていた孤独感が薄れていった。また，その感覚はAさんが自分らし

くいられている感覚でもあり，とても心地のよいものだった。男子と過ごす苦痛から，訪れるようになったスクールカウンセラーのもとでは「自分は女の人として生まれるべきだった。今でも間に合うなら，女として生きたい。僕は男の子みたいな生活ができる気がしない。女として生きる方がよっぽどましである」といった発言が聞かれるようになった。その後，その思いはどんどんと強くなっていき，家族や同級生にも「自分は女として生まれるべきだった」と話すようになった。そのようななか，年齢的にもより男らしくなっていく自分の体型への嫌悪感が，Ａさんの性別違和感をいっそう強めていった。次第に，Ａさんは抑うつ的になっていき，スクールカウンセラーにも「こんなことであれば死にたい。自分は女にならない限りは誰ともうまくやれない。男子となじみにくくなったのは，自分が女であるからだと思う」と，切迫感のあるものに変化していき，心配した両親と病院の受診に至った。

2．Ｂさんの事例

Ｂさんは高校生の女子である。小学生の頃から気が弱く，自分の意見をなかなか言えない子どもだった。また，なかなか友達の輪に入ろうとせず，1人で過ごすことが多かった。また，勉強は苦手で，授業中に先生に注意されることもしばしばあった。中学に入ってから，いじめにあうことが増えた。クラスでも男子から勉強のできないことをからかわれたり，物を隠されたりし，そのような状況にひどく悩んでいた。そうした経験から，男性に対する苦手意識が非常に強くなっていった。その後，3カ月ほどたち，男性を見ると吐き気がする，過呼吸になってしまう，外出もままならない，ということを主訴に精神科病院を受診し，心理カウンセラーからカウンセリングを受けることになった。

Ｂさんはその後中学を卒業してからも，男性全体に対して恐怖心を抱いて過ごしており，電車の中で隣に男性が座った際に恐怖を覚えたり，自宅に宅配で訪れた男性配達員に怯え応対ができなかったりし，精神的に不安定な状態となることが増えた。日常生活においてもいじめられた当時のことが何度もフラッシュバックし，苦しんでいた。そんななか，高校生になったＢさんはテレビで見ていた女性アイドルに惹かれた。それを通院していた病院の

心理カウンセラーに打ち明けていたが，その際に「男の人に好意を抱くとか
ありえない。恐怖でしかない。私の好きな女性アイドルは少し男っぽいとこ
ろが魅力。でも，男性みたいにがさつじゃないし，怖くない。見ていて安心
するし，どきどきもする」と訴えていた。そしてその後「自分はレズビアン
であると思う。男性と関わることのない世界に行きたい。男の人はこの世に
必要ないと思う」と自分の考えを述べた。

　以上の話を受けて，支援者としてどのようなアセスメントをし，どのよう
な支援を考えるだろうか。少し考えてみてほしい。

Ⅲ　発達障害とは

1．発達障害の概念
　続いて，発達障害についてより詳細に説明していきたい。発達障害はここ
数十年程で特に注目されることが多く，LGBTQ＋という言葉に比べて，教
育現場や，医療現場でも多く聞かれる。
　発達障害は，①社会性やコミュニケーション，想像力において困難がみら
れる自閉スペクトラム症（Autism Spectrum Disorder：ASD），②落ち着きの
なさや不注意，衝動性がみられる注意欠如・多動性障害(Attention-Deficit/Hy-
peractivity：ADHD)，③読み書きや計算など学習面での得手・不得手に大き
なばらつきがみられる限局性学習症（Specific Learning Disorder：SLD）とに
分類されている（図4-1）。このようにはっきりと診断名は分けられている
ものの，併存している場合も多く，すべての発達障害はつながっており，ス
ペクトラムであるともいわれている。医学概念としては，「知的な遅れはな
いが，何らかの生来性の発達的偏りにより，認知特徴，行動特徴の面で生活
上の困難が大きく，何らかの支援や治療を要する状態」（中山，2016）と定義
づけ論じられた先行文献があるため，その概念を踏襲して論じていきたい。
　医療機関では発達障害を主訴とした受診者の数が年々増加しているといわ
れている。2012年児童福祉法改正後，発達障害児をサポートする場所として
放課後等デイサービス事業所が開設され，全国の多くの機関が発達障害児の

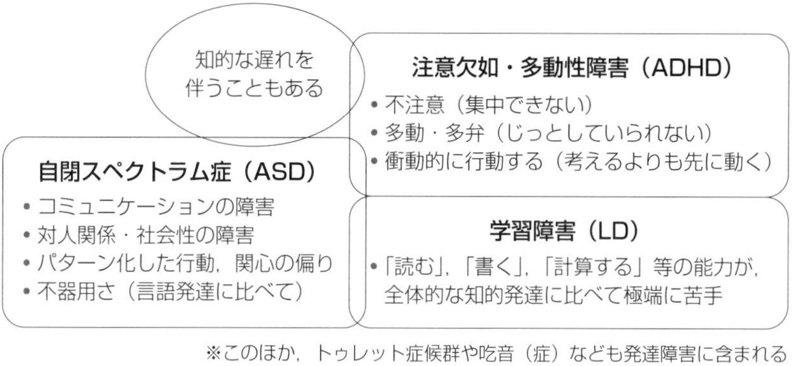

第 4 章　LGBTQ＋と発達障害　57

知的な遅れを
伴うこともある

注意欠如・多動性障害（ADHD）
・不注意（集中できない）
・多動・多弁（じっとしていられない）
・衝動的に行動する（考えるよりも先に動く）

自閉スペクトラム症（ASD）
・コミュニケーションの障害
・対人関係・社会性の障害
・パターン化した行動，関心の偏り
・不器用さ（言語発達に比べて）

学習障害（LD）
・「読む」，「書く」，「計算する」等の能力が，
　全体的な知的発達に比べて極端に苦手

※このほか，トゥレット症候群や吃音（症）なども発達障害に含まれる

図 4 - 1　発達障害の種類と症状（政府広報オンライン参考［2018年11月16日閲覧]）

療育，支援に向けて動き始めている。また，発達障害者の雇用も，ハローワークを中心としたチーム支援が展開され，相談援助を充実させた取り組みとして，発達障害者雇用トータルサポーターというものもある。このように，年々と発達障害者を取り巻く環境は前向きに変化の一途を遂げており，今後も変わり続けていくであろうと思われる。

　また，先述したように発達障害は症状の重なりがあり，重症度に関してもスペクトラムであるといわれている。また，ASD と ADHD は併存しやすいともいわれており，単一の疾患ではなく，さまざまな様相を呈しやすいものである。共通の症状やそれに適した関わり方に加えて，その人に合った介入方法や，支援方法の構築が必要である。

2．発達障害における具体的な症状

　以下にあげる症状は主だったものではあるが，より発達障害を理解してもらうために簡単に記したものであり，すべての発達障害をもつ人に当てはまるものではない。参考程度に考えていただきたい。また，今回は発達障害の症状により LGBTQ＋の症状を呈する可能性があると考えられる，ASD と ADHD について記載した。

1）自閉スペクトラム症

　対人コミュニケーションのとりづらさがあり，場の雰囲気を読んで対応し

たり，気遣うことの苦手さがあったりする。また，先のことや，目の前で起こっていないことに対する想像のしづらさがあり，過剰に不安がったり，見通しを立てたりすることの難しさをもつ場合がある。他にも，いつも通りのパターンで過ごすことができないと，多大なストレスを感じる人もいる。また，小児の自閉スペクトラム症者は大人と話すのを好む人もいるといわれている。自分に合わせて話をしてくれやすい大人との会話は，同年代との会話よりも気が楽に感じるからである。

2）ADHD

多動性，不注意，衝動性といった3つの主な症状がある。多動性としては，絶えず動き回る，落ち着いておらずそわそわとし，どこかに行ってしまう等の症状がある。不注意としては，ぼーっとして話を聞いていなかったり，注意集中のムラからケアレスミスが多くなり大事な書類などを完璧に完成させることが難しかったりする等の症状がある。衝動性としては突然衝動的に飛び出したり，ぱっと不用意な発言をしてしまう等の症状がある。以上の症状の具体的な例としては，部屋の片づけができない，予定通りにスケジュールを進めることができないなどで，これはADHDの主たる特性が影響し，1つの作業に集中しづらく，いろいろな刺激につられてしまい，もとの目的を達成せずに時間が過ぎていってしまうためである。

3．発達障害のとらえかた

以上にあげた特性を有する発達障害者は，属するコミュニティの輪に入りづらく孤独感を強めたり，指示通りのことが出来づらく，よけいに不安や葛藤をためたりしてしまうことがある。他者からの叱責等を受けやすい，抑うつ感を高めやすい側面もあり，精神的に追い詰められる者も少なくない。学校生活において，こだわりやパニック，不注意や衝動性だけでなく，学力や学習意欲の低下，行動上の問題や情緒的な問題などがある場合は，発達障害があるかどうか考える必要があるかもしれない。特に，思春期は周囲の人との関係がより複雑化してきやすい時期であり，精神的にも負荷がかかりやすいと思われる。仲間内でのやり取りも単純なものから，より複雑なものになっていき，本音と建て前を使い分けることに苦しむ時期でもあると思われる。

「空気を読む」,「相手の立場を考え忖度する」ことが苦手な彼らにとって,それは大きな壁となって立ちはだかる可能性が大きく,混乱してしまいやすいとも思われる。

また思春期にはさまざまな出来事が訪れる。まずは体の変化である。女性は思春期になると胸が膨らんできたり,体全体に丸みを帯びてきたりするし,男性は体つきががっしりとし,体毛が濃くなってきたりする。日に日に大人へ成長していく中で,情緒的な部分も豊かになっていく。心の変化としては,自分自身のことや,家族,友達のことなど,さまざまなものに目がいき,どんどんと物事の見方が繊細になっていく。これらの変化は人間として生まれた以上,当然の変化であるし,誰もが通る道である。その際の変化について特に際立って注意が向き,体調の不調につながったり,自分の体や心の変化について生きづらい部分が出てきたりする場合があっても不思議ではない。

発達障害を理解するにあたって,その人本来の生物学的要因のみですべてを語ることは難しいと考えることが大切である。人格とは,その人本来の生物学的要因に加えて,生活環境の要因,それに対する感じ方や人格傾向など,同じ発達障害と呼ばれるものをもっていたとしても,その他の要因からの影響を受け,たどる道はそれぞれがまったく違うものとなる。加えて,人格の形成は10代までは極めて流動的である。支援者はその流動的な側面を受け入れながら,臨機応変に関わりつづける姿勢が必要である。

Ⅳ　発達障害と LGBTQ＋

ここからは,説明をしてきた発達障害の症状のあり方をふまえつつ,発達障害による症状からくるセクシュアリティの困難さを訴える者と,発達障害の症状はないセクシュアリティに困難さをもつ者との違いや,それを知ることの重要性について述べていく。

1．性別違和と発達障害
発達障害と LGBTQ＋の関係について注目されるようになったのは,ここ

60 第Ⅰ部 教育現場とLGBTQ＋

10年程の話である。特に，性別違和における診断に伴い，発達障害の併存や発達障害症状による性別違和の訴えというような複雑な事例が挙がるようになったため，徐々に注目されつつあるが，まだこれから検証されるべき課題であるという認識も同時に必要である。

性別違和を診断するにあたって塚田 (2014) は，「当事者たちはジェンダー・アイデンティティを判定するための3要素[注1]の一部があれば性同一性障害（性別違和）と自己判断しがちであるが，性同一性障害を疑う場合は，上記3要素すべてがそろっているか否か，安定的にその3要素を満たし続けているかなどを重視すべきである」とし，特にLGBTQ＋の困難さや悩みが発現しやすい，児童思春期の性同一性障害の診断に際し注意を促している。

例えば，発達障害ゆえのセクシュアリティの困難さをもった当事者が受診をした際，本人が困難さを抱えていると主張しているのは発達障害による症状ではなく，セクシュアリティによって感じる困難さであるかと思われる。その主訴ももちろん大切に取り扱うべきものではあるが，専門家としては，そう思うようになったきっかけや原因がどんなものかと考えることは大切である。塚田 (2014) は，セクシュアリティに違和感をもつ者の診断に対し，「性指向に注目し過ぎて同性愛と見誤ることのないように」とし，多面的な診断や考えが必要である点を述べている。特に若年であればあるほど，医学の領域からしても性別違和における診断の難しさにプラスして，発達障害を併存しているか否かの鑑別や対応は，非常に繊細なものになると予想される。思春期は特に人格が形成されていく非常に繊細な時期であり，そのあり方は流動的でもある。自分がどのように生きるか，どのような性質をもった人間であるかということをこれから探していく段階でもあると言える。人間の一部でもあるセクシュアリティに関する事柄においては断定的に関わることのないように，ことさら慎重に判断していかなければならない。

2．発達障害の症状は性別違和に結びつきやすい

性別違和は医療機関受診の機会が多く，受診に至るケースは性別違和の診

注1）心の性，社会的な性，身体の性のこと。

断を求めるものが多いので、医療機関を介して把握がしやすいと思われる。発達障害を併存しているか否か判断する必要性も出てくるわけである。身体的治療の適応の可否の判断や、精神症状や行動面の問題の治療などには専門的な知識が必要であるため、医療機関の受診が必要になってくる場合も少なくない。

医療現場において性別違和と発達障害が疑われた症例報告としては、不登校を主訴に受診し、その後の経過において自らを性同一性障害と主張するようになった広汎性発達障害のケースがある。はじめは自己の性別に対する不快感と苦痛および反対の性になりたいという欲求が強く感じられたが、生育歴から性別違和とは考えにくく、検討しなおしたところ、社会性の障害、独特の頑固さなどが明らかになったため、広汎性発達障害と診断された。その後心理カウンセラーによる心理治療においても、他者や社会との関わりの中で失敗や挫折を重ねてきた経験が繰り返し語られ、自己否定感の強さ、抑うつ状態を呈し、かつ妄想的色彩を帯びた攻撃的発言をするような症状をみせ経過していった。基本的には患者の訴えを共感的に聞くように努め、描画療法を行うなどしていくと、性別違和にまつわる訴えも減少したという（伊藤, 2013）。

ASD が、その症状がゆえに性別違和症状を訴えることの要因としては、主症状である「こだわり」「物事を全体としてとらえることの苦手さ」が関連していると思われる。また、二次障害の要素でもある、集団との共通感覚を理解することができないことから孤立感を抱き、自分が違う存在であればと考えることから性別違和を訴える場合もある。ASD の特性である客観的視点の乏しさゆえに、大局的に自分をとらえることよりも限局的な部分への視点を外すことが困難なため、性別にこだわる場合もある。

そのような例では、実際に性別違和であると診断に至り、外科的手術やホルモン剤の処方がなされ、望んでいた性別に身体的にほぼ変更することができた際に、ふと自分を振り返り、自身の根源的な葛藤自体は変わらず、別の悩みをもち、自分が性別を変更したことを後悔するに至ってしまった事例もある。このように、本人の主張のみを聞いてそのまま性別違和に早急に直接アプローチすることは、必ずしも本人の望む結果には至らない可能性がある

ことがわかる。発達障害のない，性別違和感をもつ者であっても，同様の可能性が考えられるかもしれないが，ASD 者が性別違和を抱えていた場合にはより高い確率で起こりうることであるのは言うまでもない。

3．LGB と発達障害

　では，性別違和感のない LGBTQ＋の人々はどうなのか。現在は性別違和の事例が主だって取り上げられているため，報告例としては現時点では性別違和に比べて少ないといわれている。しかし，ASD と診断されている中学生男子が，好きなキャラクターへのファンタジーともいえる強い同一感から，年齢や性別に不釣り合いな衣装を身にまとい，低年齢の幼児と 2 人で空想の世界で遊ぶ行動がみられ，それらの様子から，いつか幼女にいたずらをするなど問題を起こしてしまうのではないかと心配した祖母に連れられ来院した事例がある。事例報告者は，そのような行為が周囲に与える心理的影響を客観視することができていないのは ASD の特性と関係していると考え，関わりを行った（館野，2017）。以上の情報だけでは，性別違和の有無や，同性愛や両性愛のような LGBTQ＋の要素を含むのかどうかは判断しがたいが，ASD の特性がそのような表出と密接に関連しているのではと考えられ，ASD とセクシュアリティの関連は複雑で，一概にパターンを決めつけることのできないものということがわかる。

　その日の自分の状態でどのセクシュアリティで過ごすか決める人もいるし，長い年月をかけて自分にとって一番納得のいくセクシュアリティにたどり着いていく人もいる。このように多種多様なセクシュアリティはスペクトラムであり，その道のたどり方も，とらえ方も人によってさまざまで，性別違和とそうでない LGBTQ＋をきれいに分けることは難しい。セクシュアリティはとても多様なものであり，その時によって移ろう，流動的な側面もあることを踏まえて，支援者は理解を深めながら，臨機応変にその対応を変えていくことが求められる。

V 事例から考える──その後

さて，以上のことを踏まえて，先ほどの事例へとかえってみる。支援者として関わる場合にどのような目線でアセスメントするかを考えてみてほしい。

1．Aさんのその後

Aさんはその後，スクールカウンセラーの勧めもあり，性別違和症状を主訴に病院を受診した。そこで医師はAさんの話を聞き，さまざまな検査をしていくうちに，Aさんが発達障害の特性があるかもしれないという結論にたどり着いた。そのため，Aさんの性別違和感の訴えを受容的に受け止めながら，発達障害とはどのようなものか，どのような考え方に至りやすく，どのような支援が必要であるかなど，客観的な視点を交えながら，Aさんに根気よく説明していった。加えて，発達障害の特性が性別違和感につながることがあることや，Aさん自身が考えている性別違和感はこのまま継続していくかもしれないし，成長していくにつれて消失するかもしれない両面の可能性についても，Aさんの理解度を考えながら伝えていった。同時に医師から，両親や学校へも，Aさんの現在の状態や今後の予想される状態など，あらゆる可能性を含め全体的な支援を行ってほしいと指導がなされた。そのような中で，Aさんの精神的な負担の軽減を目指し，Aさんは好きなことを生かすことのできる調理科のある少人数制の高校へと進学した。その高校は発達障害のある子への理解が深く，Aさんの意見をじっくりと聞きながら関わりができる環境でもあった。そのような配慮のある環境の中で，Aさんは調理の勉強にのめり込んでいった。すると，少しずつAさんの性別違和感の悩みは薄れていき，次第に自分がこれからどうやって過ごしていくかに目が向くようになっていった。「自分の特性と向き合いながら，好きな調理の仕事に就きたい」という前向きな言葉も聞かれるようになっていった。

2．Bさんのその後

　Bさんはその後，受診に至った先で，ASDであるとの診断を受けた。そこで，発達障害とはどのようなものか，Bさんの精神的苦痛を受容的に受け止めながら，慎重に疾病教育がなされていった。その中で，Bさん自身受け入れ難い気持ちもあったが，医師や心理カウンセラーに相談しながら，自分自身のことを振り返り，疾患の受容がなされていった。また，担当医師の移動によりBさんを担当することになった新しい医師が男性であったことが大きな転機となった。それまでのBさんはすべての男性を極端に拒絶していたが，男性医師の受容的な関わりから「男性だからといってみんなが怖いわけじゃなかったのかもしれない」と思い，男性への認識の再構築を結果として図れることとなった。熱狂的だった好きな女性アイドルに対しての興味も次第に薄れ，将来はイラストレーターになりたいという希望があり，その夢へと邁進していった。その後，セクシュアリティについての不安などは聞かれなかった。数年の通院の中で，心理カウンセラーのカウンセリングに加え，発達障害者のグループセラピーにも参加した。そこで自分の話を共有したり，守られた場所での新しい関係性を作ったりしていく中で，Bさんは少しずつ落ち着きを取り戻していった。その後，診察の中で「まだまだ男性への苦手意識は強いですし，怖いと思う時もあるけど，前ほどではない。自分らしさを感じられる時が増えてきました」と話し，終診となった。

3．2つの事例からわかること

　発達障害の特性がある人のセクシュアリティにまつわる訴えの中で，共通しやすいのは，自身の発達障害の症状による不適応感からくる精神的負担を，自分の性別のせいにし，そう思い込んでしまう場合があるということである。定型発達者に比べ，発達障害者は特に対人関係のコミュニケーションに難しさを覚えやすい。人と関わりたいけど，どうしたらよいかわからない気持ちや，人と関わることの苦手さや恐怖感によって回避したい気持ちといった両価的な感情が葛藤を生み，より混沌とした悩みになりやすいのかもしれない。その葛藤は，言語化することやイメージすることの苦手さも関係していると

思われる。自分の言いようのない不適応感はいったいどこにあるのか，と考えても答えにはなかなかたどり着きにくく，他者に相談しても葛藤し混乱している当事者自身が心から納得できる回答は得られにくい。その乗り越えることの難しい気持ちの行き場が，思春期において大きく変わる自身の内面，外面のバランスをとっていく過程で，自らのセクシュアリティにも意識が向き，事例にあったように，反対の性やアイドルに極端に同一化しようとすることもあるかもしれない。そのような可能性をもつこともあると考えられるLGBTQ＋（かもしれない）の人々への対応は，とても慎重になる必要がある。前述したように，本人のセクシュアリティに関する訴えとは別のところに，本当の主張や悩みが隠されている場合があるからだ。

　それは短期間で解決されるものではなく，その人自身がたくさんのことを経験し，成長していくことで結論が出ていくものであり，支援者が自らの知識のみで指示的に関わることでは解決しづらい問題である場合が多い。ここで注意したいのは，では症状は発達障害なのか，自身のセクシュアリティの違和感なのかとはっきり決めたくなってしまうことである。しかし，はっきりと区別することが大切なのではない。本当に必要なのは，当事者がなぜそう思うようになったのかという，さまざまな可能性を考えながら，その人が自分らしさを見つけて成長していく過程に腰を据えて関わり，移ろう彼らのアイデンティティに寄り添いつき合っていくことである。

Ⅵ　学校現場で求められること

　発達障害併存のないLGBTQ＋に比べ，発達障害を併存するLGBTQ＋は発達障害特性ゆえに，精神面での治療や心理的ケア，社会的なサポートの必要性がより高まるため，利用できる医療機関，相談機関等のソーシャルサポートの拡充や，教育機関，医療機関，福祉機関等が連携を強めることが大切である。

　また，事例で取り上げたAさんとBさんの症状は，発達障害による二次障害的な反応とも考えられる。二次障害の対応として，齊藤（2009）の図4－2を見ながら説明したい。まずは，子どもの苦しみを理解することが大前

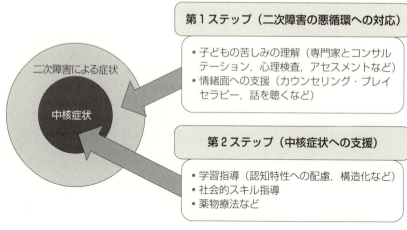

図4-2　二次障害を含めた発達障害に対する支援のイメージ（齊藤, 2009）

提としてある。このような症状を呈するようになるまでに、当事者は深い傷つきを経験していると想像される。支援者が感情を代わりに言語化することも大切であるし、絵を描く、物をつくるなどの表現活動が向いている子に関しては、そのような評価的でない世界でのありのままの自分を表現し認められる体験が非常に大切である。また、そのような関わりの中で支援者側もその人がどのようなことを考え、どのような様子で今に至っているのか、具体的に親から生育歴を聴取し、可能であれば心理検査などを実施して、その人の本来の性質をあらゆる側面からアセスメントすることが大切である。アセスメントと本人の精神的なケアを十分に行ったのち、得られた情報から、本人に対して別の具体的な支援へとつなげることが大事である。最初から発達障害が原因である、性別違和が原因であると決めて、そこのみにアプローチするのではなく、多視覚的な視点でその人を理解し、多方面からサポートするのが理想的である。

Ⅶ　おわりに

思春期の揺れ動く心の中で、子どもたちはさまざまな反応をすると予想される。その中で、教員やスクールカウンセラーをはじめとした中高生と関わ

る支援者は，柔軟で早急な対応を求められることになる。そのため，常に新しい概念や認識を理解し，相手の側に立ち共に考えていく姿勢が大切である。社会的な動きに伴い，LGBTQ＋への理解が日々広がっていく中で，当事者やそれに関わる支援者の働きも実を結び，年々LGBTQ＋について，徐々に正しい認識や知識が浸透してきていると感じられる機会が増えてきた。しかし，全体的な視点で見るとそれはまだ不十分であるし，認識が広がってきたために，冒頭に述べたような，発達障害という言葉が浸透してきたからこそ起こる，言葉だけが独り歩きするような弊害も，同じようにLGBTQ＋に対しても起こることは，十分念頭に考えておかねばならないと考える。

　今回取り上げたように，発達障害とLGBTQ＋の関連は今後より一層理解を深めていく必要のあるテーマであり，支援者は日々新しい情報を取り入れながら当事者と関わっていっていただきたい。

文　献

伊藤　匡（2013）性同一性障害を主張した広汎性発達障害の男性に対する心理治療過程．児童青年精神医学とその近接領域，**54**(5)，588-598．
公益社団法人　日本発達障害連盟（2018）発達障害白書2019年版．明石書店．
中山　浩（2016）発達障害とLGBT．精神科治療学，**31**(8)，1077-1079．
齊藤万比古（2009）発達障害が引き起こす二次障害へのケアとサポート．学習研究社．
政府広報オンライン（2017）特集――発達障害って何だろう．https://www.gov-online.go.jp/featured/201104/contents/rikai.html（2018年11月16日取得）
館野　勝・池田官司（2017）児童精神科臨床における子どもの性別違和について．精神経誌，119，26-33．
塚田　攻（2014）性同一性障害の初期面接．臨床精神医学，**43**(4)，529-532．

68　第Ⅰ部　教育現場と LGBTQ＋

第5章

DSDs：体の性のさまざまな発達の基礎知識と学校対応

ヨ　ヘイル

Ⅰ　はじめに

　女性・男性の体にはそれぞれさまざまな体の状態・疾患がある。これは一見 LGBTQ＋等性的マイノリティの人々の性自認・性指向の多様性のようにみえるが，実はまったくそうではない。ここで解説するのは「性分化疾患」，あるいは近年「体の性のさまざまな発達：DSDs（ディーエスディーズ：differences of sex development）」と呼ばれる一連の体の状態を持つ人々のことである。

　LGBTQ＋等性的マイノリティの人々の正確な知識や対応法は日本でも広く共有されつつある。しかし，DSDs については小説やコミック，ドラマ，マスコミのルポ，LGBTQ＋コミュニティ内での情報・解説本を含め，社会全般で誤解や偏見が錯綜したままである。

　DSDs はこの20年の間に生物学的知見や医療ケアも進歩し，現実の当事者の社会的状況も明らかになっている。ここでは DSDs の正確な知識と学校等での対応について解説する。

Ⅱ　DSDs の基礎知識

1．体の性のさまざまな発達＝DSDs とは？

　性分化疾患とは「染色体や性腺，もしくは解剖学的に，体の性の発達が先天的に非定型的である状態」（Hughes et al., 2006）を指す医学用語である。

第5章　DSDs：体の性のさまざまな発達の基礎知識と学校対応　69

　男性（女性）ならばこういう気質でなくてはならないといった「男・女らしさ」という「社会的規範」は，現在でも社会に残っているとはいえ，相対化はされつつある。現実にはさまざまな女性・男性がいて当然だろう。

　しかし女性・男性の身体についてはどうか？　外性器の形や大きさ，卵巣・精巣等の性腺の種類，女性の膣・子宮の有無，X・Y 染色体の構成，性ホルモン等，「女性・男性の体の性のつくり（sex）」には，「こうでなくては（十分な）女性の体とはいえない」「こうでなくては（十分な）男性の体とはいえない」という「社会生物学的な固定観念」が現代でもかなり根強く残っている。

　DSDs とは，「こうでなくては（十分な）女性の体とはいえない」「こうでなくては（十分な）男性の体とはいえない」という社会生物学的固定観念とは，生まれつき一部異なる，女性・男性の体の状態を指す。つまり「女性にも男性にもさまざまな体の状態がある」ということだ。

2．DSDs の体の状態

　「DSDs・性分化疾患」という用語はただの包括用語に過ぎない。それぞれの体の状態をもつ当事者家族の大多数も「性分化疾患」というような包括用語自体を知らず，そういう用語やアイデンティティで自身を語ることには拒否的なため，注意が必要である。

　ここでは判明時期に沿って，DSDs の代表的な体の状態を解説する。

1）生まれた時に判明する DSDs（主に外性器の形状やサイズ・機能に関わる DSDs）

　新生児が生まれた時，多くは外性器の形で女児・男児の性別が判明するが，外性器の形や大きさ，尿道口の位置等が，一般的な形状とは少し違って生まれてきて，性別の判定にしかるべき検査が必要になる女児・男児が，約4,500〜5,500人に1人いる（Lee et al., 2016）。

　その中で最も多いのは，マイクロペニスや尿道口の位置がずれた状態の尿道下裂の男児，次に多いのが，生まれる前からの副腎のホルモン異常によって陰核が大きくなって生まれる女児である。この体の状態の場合，原因となるホルモン異常は命に関わる疾患であるためすぐに治療が必要になる。

他にも，部分型アンドロゲン不応症や性腺異形成，さらには性腺や腎臓器官がむき出しで生まれる総排泄腔外反症の女児・男児，膣口・尿道口と肛門が1つのまま生まれてくる総排泄腔遺残症の女児等，さまざまなDSDsがある（Wisniewski et al., 2012）。

ここで大切なのは，外性器の形やサイズの違いでその場では性別がわかりにくい新生児も，遺伝子検査の発展もあって，女児か男児かの総合的な判定が，しかるべきいくつかの検査によって可能になっていることである。現実には後になって性別訂正する人もそれほど多くなく，大多数の人々は出生時に判定された性別に違和をもつことはない（van Lisdonk, 2014 ; Callens et al., 2017）。

関係する人権団体も，何らかのDSDsをもって生まれた新生児の，男女の性別判定には実は反対していないのだが，社会では「どちらでもない性別を求めている」という誤解が根強く残っている（Carpenter, 2016）。

出生時に判明するDSDsは，排尿等身体機能の面での困難が生じている場合がある。例えば尿道下裂で生まれた男児は排尿の際，尿がまっすぐではなく飛び散ったり，成人以降の射精障害の原因となることもあり，就学前に手術を行う家庭も多い。また総排泄腔遺残症の女児も，手術を行って人工肛門や人口膀胱を装着していたり，思春期以降に膣口を形成する手術を行うことがある。

しかし，DSDsに対する社会的な誤解や偏見も多く，外性器という極めて私的でデリケートな領域の話になるため，人工肛門等具体的な援助を必要とするケース以外は，学校で相談しようとする人は限られている。

2）思春期前後に判明するDSDs：（二次性徴の有無・原発性無月経・不妊に関わるDSDs）

DSDsは思春期前後に判明するパターンの方が多く，そのほとんどが女性の原発性無月経，妊孕性に関わるDSDsである。

代表的なものは，女性のターナー症候群。低身長等の成長障害，二次性徴不全から，染色体の構成がXが1つのX0で，卵巣が機能不全であることが判明する。そのほとんどが女性の不妊を呈する。

次に多いのが，ロキタンスキー症候群と呼ばれる女性の体の状態で，染色

第5章　DSDs：体の性のさまざまな発達の基礎知識と学校対応　71

体は XX, 性腺は卵巣で, 一般的な女性の体の状態だが, 生まれつき子宮が発育していなかったことが判明する。やはり不妊を呈する。

また, 女性の原発性無月経等で判明する, 完全型アンドロゲン不応症（CAIS）と呼ばれる体の状態もある。CAIS の場合, 染色体の構成や性腺の種類が, 一般的には男性に多い XY・精巣で, 膣が浅く, 子宮がないことが判明する。

「染色体が XY, 性腺が精巣ならば男性」という固定観念が強い場合, その人は男性なのではないか？　と思う人もいるかもしれないが, CAIS の女性は体の細胞が, 男性に多いアンドロゲンに反応しない状態で, この場合生来的にまったくの女性に生まれ育つのである。

現在 DSDs の先端専門医療では, 性腺は精巣・卵巣という実体ではなく「機能」として見るようになっており, CAIS の女性の性腺は実質上, 男性に特有の精巣ではなくエストロゲンをつくり出す「機能」をもつ性腺とみなされ[注1), 間違っているのは生物の教科書の方で, 「あなたが女性であることには変わりない」と説明されるようになっている（Quigley, 2009；dsdteens HP, 2018）。

それでも診断には大きなトラウマを受ける女性も少なくない（Quigley, 2009）。彼女たちが最も衝撃を受けるのは何よりも不妊の事実で（Fliegner et al., 2018）, これはガンで子宮や卵巣, 乳房を失った女性の喪失体験とほぼ同じものになりえる。

また, 二次性徴不全や原発性無月経から, 女性のスワイヤー症候群, 男性・女性の性腺機能低下症や性腺異形成が判明することもある。

3）主に男性不妊や出生前診断で判明する DSDs（X・Y 染色体バリエーション）

現在は「男性の体＝XY, 女性の体＝XX」と教育されていると思われるが, これはすでに基礎的な知識にすぎなくなっている。女性・男性の体の違

注1）アンドロゲン不応症女性の場合, 性腺は男性に多いアンドロゲンを産生するが, 受容体の欠失によってアンドロゲンは使用されず, 使用されないアンドロゲンは主に脂肪組織内にあるアロマターゼ酵素によって女性に多いエストロゲンに変換される。アンドロゲン不応症女性の体の細胞はエストロゲンには反応するため, 女性に生まれ育つことになる。よって, アンドロゲン不応症女性の性腺は機能的にエストロゲンを産生する性腺ということになる。

72 第Ⅰ部 教育現場とLGBTQ＋

いは，X・Y染色体の数の問題だという誤解があり，XXY染色体の人は両性具有だという極端な誤解もある。

確かに大多数の男性の体の染色体はXY，大多数の女性の体の染色体はXXだが，XXY染色体，XXYY染色体の人も生来的に男性に生まれ育つ。XYY染色体の男性，XXX染色体の女性もいる（AXYS HP, 2018）。

女性・男性の体の違いを決めるのは，X・Y染色体の数ではなく，通常はY染色体上にあるSRY遺伝子[注2]の存在にあることがすでにわかっている（CAIS女性の場合は，X染色体上のAR遺伝子[注3]の変異が原因となる）。

1990年のSRY遺伝子の発見以降，性腺の分化，外性器，膣や子宮の形成等，胎児期からの体の性の発達には，おそらく約100以上の遺伝子が関係しているといわれている（Quigley, 2009）。生物学はすでに，染色体の数ではなく遺伝子の時代となっている。

このようなX・Y染色体バリエーションの男性・女性は，海外では主に出生前診断で判明することが多くなってきているが，XXY男性は男性不妊で明らかになることが多い。

3．DSDs に対する社会的誤解・偏見と，現実の状況

オランダ国家機関の報告では，全人口の約0.5％が何らかのDSDsをもっているとされている（van Lisdonk, 2014）。しかし現在，多くのLGBTQ＋等性的マイノリティの人々がカミングアウトしている一方，DSDsをもつ人々が社会的に公表したり，学校やカウンセリングの場で相談をしたりすることは圧倒的に限られている。これには，今でも根強く残るDSDsに対する社会的誤解や偏見が関わっている。

注2）SRY（sex-determining region Y）遺伝子は，一般的にはY染色体上にある，男性への性決定を行う性決定遺伝子。XXの個体でもX染色体にSRY遺伝子が転座している場合は，男性に生まれ育つ。

注3）AR（androgen recepter）遺伝子は，X染色体上にあるアンドロゲン受容体に関わる遺伝子。完全型アンドロゲン不応症女性の場合，Y染色体上のSRY遺伝子は存在するが，AR遺伝子の変異によって全身の細胞のアンドロゲン受容体が欠失するため，女性に生まれ育つ。

第5章　DSDs：体の性のさまざまな発達の基礎知識と学校対応　73

1）「男でも女でもない性別」という偏見

　例えばダウン症候群は，19世紀の西洋で「蒙古痴呆症」と呼ばれていたが，これはダウン症候群の人の「目のつり上がりが東洋人に似ていて，これは東洋人の遺伝子が現れたものである」という差別的・神話的な偏見からきたものであった。このように，さまざまな疾患や障害には神話的イメージが投影されることが多い（Sontag, 1978/1989）。

　DSDs に対しては，21世紀の現在でも「男でも女でもない性別・両性具有（半陰陽）・男女両方の特徴をもつ人」といった神話的イメージが，善意によっても投影され続けている（Ambrose, 2015）。しかし実はこのような表現は，医学用語でも人権支援の上でも，誤解や偏見を広め，当事者を傷つけるものとして禁止されている（Hughes et al., 2006）。

　これは現実のDSDs の人々・子どもたちの大多数が，自分が女性・男性であることにまったく疑いをもったこともなく，体の一部の違いによってむしろ女性・男性としての自尊心が損なわれ，周りから自分が普通の女性・男性だと見られないのではないか恐れていることがオランダやベルギーの国家機関による調査からも明らかにされており（van Lisdonk, 2014；Callens et al., 2017），顕著な心理的苦悩をもっている当事者の割合が61％，自殺念慮率が45％と極めて高くなっているからである（Schweizer et al., 2017）。

　現在 LGBT ムーブメント等で，DSDs をもつ人々の身体をして「男女という性別の根拠のなさ」のような取り上げ方がされることがあるが，実はむしろそのようなイメージこそが，DSDs をもつ多くの児童生徒・人々と家族の社会的困難を増悪させていることがわかってきている。

2）LGBTQ＋等性的マイノリティの人々との関係

　近年では LGBT に I（インターセックス）を含めた LGBTI という用語が使われることも多いが，実は DSDs をもつ人々の大多数は，「インターセックス」という用語には強く否定的であるだけでなく，自身を性的マイノリティの一員とも考えてはいないことも明らかになっている（Cools et al., 2016；van Lisdonk, 2014；Callens et al., 2017）。これは決して差別的な意図ではなく，いくつかの要因がある。

74 第Ⅰ部 教育現場と LGBTQ＋

①DSDs をもつ子どもたちや人々の体験は，事故や病気で外性器・性腺が損なわれたり，子宮を失った人々の体験に近く，そういう人が自分を性的マイノリティの一員とは考えないのと同じように DSDs をもつ人々も，自身を性的マイノリティと考えないため。

②性的マイノリティの人々が，大きなリスクがありながらも自分の愛の形やアイデンティティを認めてもらいたいという切実な願いがある一方，DSDs をもつ子どもたちや人々の苦悩とは，自身の生殖器や不妊の状態という，また異なる意味での極めて私的でセンシティヴな領域に関わるものもあるため，「多様性やアイデンティティをアピールする」という流れとはかなり趣が異なること。

③そもそも DSDs をもつ人々の大多数は，男性と女性の区別について疑問を投げかける必要性をまったく感じておらず，むしろ自分がただの女性・男性であると見てもらえないのではないかという不安を感じていて（van Lisdonk, 2014；Callens et al., 2017），ここは，LGBTQ＋の人々の「性はグラデーション」という流れとは実はまったく逆である場合がほとんどであること。

　もちろん DSDs をもつ人々にも，DSDs ではない人同様，LGBTQ＋等性的マイノリティの人々はいるが（図 5-1），メディア等に登場する DSDs をもつ人々は自然に性的マイノリティの人々に限られてしまい，メディアのセンセーショナリズムも相まってさらに偏見誤解を広めてしまっている状況になっている（van Lisdonk, 2014；Callens et al., 2017）。

　自分を「男でも女でもない」とする人の割合は，近年の一般青年期人口の2.7～5.08％であるということがわかっているが（Rider et al., 2018；日高，2018），一方2017年にヨーロッパで行われたこれまで最も大規模な DSDs に関する調査では，DSDs をもつ子どもたち・人々で自分を「男でも女でもない」とした人は，わずか1.2％に過ぎないこともわかっている（dsd-LIFE group, 2017）。

　また，トランスジェンダーや X ジェンダーの人々との混同も多い。例えば DSDs をもつ人々に対して「性自認は女性（男性）なんですね」と言う

第5章　DSDs：体の性のさまざまな発達の基礎知識と学校対応　75

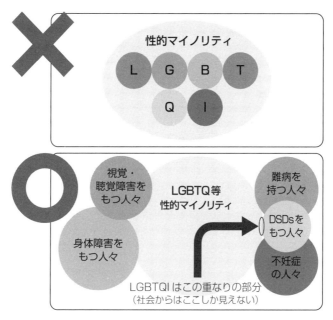

図 5-1

ことは彼ら彼女らに配慮しているように聞こえるが，これは「あなたの身体は女性（男性）とはいないけど，自分を女性（男性）と思っているので，女性（男性）と認めます」と言っているようなものになり，よけいに当事者と家族を傷つけることになるため注意が必要である。

　生まれの性別に違和を感じてジェンダークリニックを訪れる人の中で，何らかの DSDs が見つかる人というのはごくわずかであることもわかっている (WPATH, 2012)。さらに，自身を「男でも女でもない」等と自認する人は「X ジェンダー」の人々であり，その大多数は DSDs をもつ人々ではない。

　DSDs を性自認や性指向，性別（ジェンダー）の話に混同する意識の背後にも，「これが男性・女性の体だ」という固定観念に合致していなければ「男でも女でもない（不十分だ）」とする無意識の働きや，そういうものにいてほしいという社会的欲望が働いていると考えられる。

76　第Ⅰ部　教育現場とLGBTQ＋

Ⅲ　DSDsをもつ児童生徒学生への対応

　思春期前後や青年期は，DSDsをもつ児童生徒や青年，家族にとっては非常に重大な時期になる。出生時に判明したDSDsをもつ子どもたちについては，家族が命がけでわが子にその子の体の状態を説明する時期である。また，二次性徴不全や原発性無月経によって新たにDSDsが判明する時期でもあり，その多くは説明や診断に大きなショックを受ける。また社会的偏見や誤解も相まって，自殺念慮率も高くなる時期である。

　DSDsは人口の0.5％という見積もりによると，500人規模の学校では2～3人の児童生徒が何らかのDSDsをもっていることになる。しかし，外性器のサイズや形状の違い，原発性無月経からの不妊状態等，極めて私的でセンシティヴな領域の話であるため，他人に相談しようとする人は極めて少ない。

　そこでここでは，学校で工夫できること・避けるべきこと，また相談があった場合の注意点についてまとめる。

1．生物や性教育，「性の多様性」の授業等でのDSDsの取り扱いについて

　本書ではLGBTQ＋等性的マイノリティの人々についての授業展開案について解説されているが，DSDsは「体の性のつくり」に該当することになる。しかし，近年のベルギー国家機関の報告書でも指摘されているとおり，メディアや社会一般はもちろん，LGBTQ＋等性的マイノリティの人々についての解説書の中でも，DSDsに対する「男でも女でもない」等の偏見・誤解がいまだ根強い。またDSDsを不用意に取り上げることは，たとえそれが正確なものであっても，教室にいるかもしれないDSDsをもつ児童生徒には暴露的な体験になりかねない。

　一方，学校の生物や性教育の授業では，体の性のつくりや発達については基礎的な事項しか伝えられず，必ずしも最新の生物学の正確な知識を反映したものではない。DSDsをもつ児童生徒の体の性の発達とは齟齬を起こすこ

とがあるため，欧米の各種患者家族会では，学校で該当する授業が始まる前に，家族から子どもに「学校の話は基礎的なもの」と事前に説明するようにしている（dsdteens HP, 2018）。

そこで，まず何よりも該当の児童生徒の安全と安心を守ることを中心に考え，その上で教室にいるかもしれないDSDsをもつ児童生徒の助けとなり得る授業での工夫を紹介する。

1）避けるべきこと

児童生徒の安全安心感を守る上では，生物や性教育，性の多様性についての授業では，具体的にDSDsについては触れない方がよいだろう。また「自分をなぜ女性・男性だと思うのか？」といった問いかけや性転換する生き物の話も，侵襲的になるため避けた方がいい。思春期・青年期は説明や診断を受ける直後でもあり，二次的なトラウマになりかねない。

また，LGBTQ＋等性的マイノリティの人々についての説明で，男女をつなげたグラデーションモデルが使われることがある。しかし「身体の性」のグラデーションモデルは，身体の性に関わる部位（性器の形状やサイズ，子宮の有無，性腺の種類，染色体の違い）に悩み，女性・男性としての尊厳を損なわれている多くのDSDsをもつ児童生徒・人々に，「あなたは100％の女性の体ではない，100％の男性の体ではない」という含意を与えてしまいかねない。

昔の医療でもそのような告知がされ，ほぼ性的トラウマを得たような状態になった当事者家族が多かったため，現在DSDs専門医療では「女性にも男性にもさまざまな体の状態がある」というモデルに変化している（Quigley, 2009）。

性自認や性指向，性表現のグラデーションモデルは，LGBTQ＋等性的マイノリティの人々の説明として最適だが，「体の性」については男女を分け，「女性にも男性にもさまざまな体の状態がある」ことを示す図（図5-2）を使えば，DSDsをもつ児童生徒だけでなく，自分の容姿に悩みをもつ児童生徒へのフォローにもなるだろう。

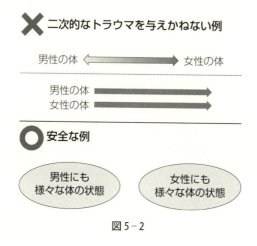

図 5-2

2）授業等で工夫できること

（a）外性器の形状やサイズ，二次性徴について

　DSDsをもつ児童生徒の中には，外性器の形状やサイズが一般的な女性・男性のものとは異なる場合もある。具体的には，尿道口の位置に悩んでいる男児・男性や，陰核の大きさに悩んでいたり，膣が浅いことを苦悩している女性等である。

　性教育では，女性・男性の一般的な生殖器官の構造についての説明があるだろうが，あくまでこの形状やサイズは女性・男性それぞれの平均的なものに過ぎないことを強調することが大切だろう。欧米のDSDs患者家族会では，「顔ってみんな違うよね。同じ顔の人っている？　みんなが同じ顔だったら見分けもつかないし，ちょっと怖いよね。性器もそれと同じで，女性でも男性でも，本当に本当に形やサイズって違うんです」といった説明の仕方がされている。

　二次性徴の時期や度合いについても，大きく個人差があることを強調するのは重要だろう。個別の二次性徴の表れや原発性無月経は高度にプライベートな領域の話になるため，授業ではあえて触れることはせず，養護教諭が個別レベルで対応することが望ましい。

　また，テストステロンやエストロゲン等の性ホルモンについては，「男性・女性ホルモン」という表現は使わず，「女性に多いエストロゲン，男性に多

いテストステロン」といった表現が適当だろう。

(b) X・Y 染色体の説明について

近年の医学では，男女の体の性の発達は X・Y 染色体の構成数ではなく，X・Y 以外の染色体上も含めた約100以上の遺伝子が関連していることがわかっている。

そこで，「性染色体」という表現は避け，基礎的な知識を教えた上で，「ただ今では，実は遺伝子の方が重要だということがわかっています」と付け加えるのがいいだろう。

ただし，XY，XX 以外の染色体の構成を安易にあげることは，教室にいる DSDs をもつ児童生徒の安全安心を脅かすことになるため控えた方がよい。

(c) 不妊とさまざまな生き方・家族のあり方について

DSDs をもつ子どもたち・人々の不妊の話は実はかなりつらい問題で，「生理なんてない方がいい。子どもなんて持たなくてもいい」という慰めや励ましに，むしろ傷ついたという報告も多い。それは DSDs をもつ子どもたち・人々にとっての不妊とは，乳がん等で乳房を失った女性と同じショックや喪失感そのものだからだ。

現代では DSDs に限らず 「6組に1組の夫婦が何らかの不妊状態にある」といわれている（国立社会保障・人口問題研究所，2015）。その事実に触れ，家族をつくるには里親や養子縁組等，さまざまな方法があること，シングルライフ等さまざまな生き方があることを，家庭科等で触れるのがいいだろう。

2．DSDs をもつ児童と家族への対応

ターナー症候群の女児・女性については以前から正確な知識が普及しているが，その他の DSDs についてはいまだ誤解も多く，家族からの説明や本人の相談は少ないと思われる。あるとすれば，DSDs をもち，かつ性自認や性指向の多様性がある児童生徒についての相談だろう。また，性別違和を有する児童生徒で「自分はインターセックスだから？」と思うケースもあると思われるが，性別違和を有し，その後 DSDs が判明するというケースは極めて少ない。これらの場合は基本的には本書で解説されている LGBTQ＋等

80 第 I 部 教育現場と LGBTQ＋

性的マイノリティの児童生徒への対応に準じる。ここでは，思春期前後や青年期に判明し，かつ性自認や性指向の多様性をもたない大多数の DSDs をもつ児童生徒・人々について説明する。

1）二次性徴不全や原発性無月経

女性の原発性無月経等で思春期前後に判明する DSDs は，そのほとんどが不妊状態で，それだけでもつらい思いをしていく場合が多いが，月経がないため，つらい思いをしながら女子の中で生理の話を合わせている場合も多い。

未診断の段階で，無月経を養護教諭やスクールカウンセラーに相談する女性はいると思われる。無月経にはスポーツや神経性やせ症（摂食障害）による「二次性の無月経」と，最初から月経が初来しない「原発性無月経」があり，機序・体験としてはまったく異なるため見極めが必要だ。

また男児・男性での声変わりの遅れ等の二次性徴不全，あるいは乳房発達が見られる場合がある。男子の乳房発達は，DSDs の一部以外でも，むしろテストステロンの過剰等で男児の約50〜60％に見られる（Johnson & Murad, 2009）。

いずれのケースもその人がたまたま性別違和を有する人ではない限り，女児・男児本人にとっては大変つらい体験になることが多い。しかし例えば，安易に授業等で原発性無月経を話題にすることは本人には侵襲的な体験になり，「生理がなくてもいい・ない方がいい」と言うことは，むしろ彼女たちの喪失感を軽視することになる。性の多様性モデルとは異なる体験になることに注意しなければならない。

男子・女子とも高校生時点をめどに，二次性徴不全や原発性無月経の相談があった場合は，当て推量で安易に DSDs には触れず，厳にプライバシーを守り，医療の紹介を行っておいた方がいいだろう。

2）DSDs の専門医療

思春期前後や青年期に判明する DSDs の場合，自分の体の性の発達について病院に行くというのは，本人も不安に感じることが多い。家族の強い勧めがない限りは，一般的には思春期・青年期に自ら受診するケースは少なく，まず自分自身の中での整理や，崩れない強さをもってから病院を訪れるケー

第5章　DSDs：体の性のさまざまな発達の基礎知識と学校対応　81

スが多いように思われる。あくまで本人家族のペースを守ることが重要だろう。

　医療を紹介する場合は，児童精神科医や心理師も入ったチーム医療を行っている DSDs 専門病院が望ましい。チーム医療を行っている病院は，東京都立小児総合医療センター，あいち小児保健医療総合センター，大阪母子医療センターの3カ所である。その他の地域でも専門病院との連携を行っている病院がある。DSDs 各種体の状態に応じてそれを専門とする病院も異なり，一般の病院では DSDs の知識に乏しく，誤解や偏見から誤った告知が行われたり，心ない対応をされたケースも聞く。まずは事前に DSDs 専門病院に電話で問い合わせる方がよい。

　なお，すでに述べたように性別違和を有する子ども・成人で，その後 DSDs が判明するというケースは極めて少なく，性別違和で医療を必要とする場合は，性別違和専門のクリニックでの対応になる。

3）プライバシーの確保

　DSDs は，児童生徒の「生殖器」という極めて私的でセンシティヴな領域の話になる。重要な関係者内での情報共有は必要だが，本人の生殖器や不妊の話をいたずらに広めることは，守秘という側面だけでなく，その子自身の最も私的な領域が他人の手によって外にむき出しにされ，その状況から逃れることができないという，根本的な主体性を脅かす体験になりうる。それは性的トラウマに近いものになるだろう。プライバシーとは，自分の情報に対する，当の本人の「コントロール感」にある。相談があった場合は，誰と話を共有するのか，本人とよく話し合うことが重要である。

4）相談を受ける側の反応

　相談を受ける側が，DSDs に対する神話的なイメージに呑み込まれたり（Williams, 2002），不妊の事実を過大視・軽視したくなることもあるかもしれないが，あくまで相談者の体験・ペースを見失わないことが重要だ。守るべきは夢を与えるファンタジーや理念ではなく，目の前の人間である。

　DSDs をもつ児童生徒・人々の容姿や行動面に，逆の性別の特徴を見つけようとしてしまうこともあると思われるが，本人には侵襲的な体験になる。特にいわゆる「男・女らしさ」といった気質や行動特徴を性別違和だと短絡

82　第Ⅰ部　教育現場とLGBTQ＋

し（むしろそれは「らしさ」という社会的規範の強さに発するものだろう），無用に混乱させるケースはよく聞く。基本的には気質と性同一性とは別のものという認識が必要である。

Ⅳ　おわりに──性を，人を大切にするとはどういうことか？

　50年ほど前，CAISをもつある女性は，つき合っていた男性に「私は染色体がXYで子どもが産めない」と勇気をもって伝えた。彼の返答は「僕が好きなのは君の染色体でも君の赤ちゃんでもない。君なんだ！」というものであった。もちろん2人は結婚して，養子縁組したお子さんを育て，今でも幸せな人生を送っている。

　一方，あるDSDをもつ女性は，心理カウンセラーに自分の体のことを打ち明けたところ「あなたは男でも女でもないと受け入れるべきだ」と無理強いされ，「私は女です！」と反発すると，逆に怒りをぶつけられたという。

　この2つのエピソードを分けるものは何か？

　オリンピックで性別疑惑という汚名を着せられたキャスター・セメンヤは，自分の極めて私的な領域の話を暴露され，世界中の人々が彼女の体の性に対してさまざまな「意見」を述べるということがあった。一方は彼女を女性から排除する意見，もう一方は彼女の身体をして「男女の境界を問う」という意見であった。

　しかし想像してみてほしい。自分や自分の子どもの極めて私的でデリケートな領域であるはずの「生殖器」について，自分の預かり知らないところで，拒絶的であれどうであれ，さまざまな人々がさまざまな「自分の意見」を述べ合っているという状況を。このような状況は「objectification（モノ化・標本化・自己目的化）」，あるいはより強く「生贄」とも表現される（Dreger, 2005）。このような状況は，彼女の女性としての尊厳だけでなく，1人の人間としての尊厳も激しく損なうものであった。

　DSDsをもつ人々に投影される「男でも女でもない性」というイメージとは何なのだろうか？　それは，私たちがこの世界に生まれ生きていく上でのある種のやり切れなさから生まれる境界なき世界への憧憬なのかもしれな

第 5 章　DSDs：体の性のさまざまな発達の基礎知識と学校対応　83

い。それは生まれる以前，分化以前の，子宮の中で融け合うような世界なの
だろう。そんな自他が融け合う夢が DSDs をもつ人々に投影され，あるい
は悪夢として恐れられ，あるいはある種の憧憬の世界への扉とされたりする
のかもしれない。そこには他者という自分を傷つける存在はいない。しかし
そこには尊厳ある生身の「個人」もいないのだ。

　「性」という領域は，自他の区別が失われることが多く，しかし自分の欲
望と相手の望みとの混同は，性的ハラスメントやレイプ被害のように，相手
の魂とでもいっていいものを深く損なうこともある。

　われわれは，境界なき世界に魅了されるばかりではなく，自分の夢とは異
なる「他者（＝人）」を見落とさないことが大切であろう。

　DSDs についてさらに詳しくは，筆者が主宰する「ネクス DSD ジャパン」（「ネ
クス DSD」で検索）の HP を参照されたい。

文　献

Ambrose, J.(2015) *The modern minstrels show.*(ヨヘイル訳(2018)現代の奇人変人ショー.
　https://www.nexdsd.com/menstories-extra ［2018年12月16日取得］)
AXYS HP（2018）https://genetic.org/（2018年12月16日取得).
Callens, N., Longman, C., & Matmas, J.(2017) Samenvatting intersekse/DSD in Vlaan-
　deren（ネクス DSD ジャパン訳（2018）性分化疾患／インターセックス IN ベルギー・
　フランドル. https://docs.wixstatic.com/ugd/0c8e2d_a7277d1bfeff439bb6f8d358ededee
　72.pdf［2018年12月16日取])
Carpenter M.(2016) The human rights of intersex people : Addressing harmful prac-
　tices and rhetoric of change. *Reproductive Health Matters*, **24**(47), 74-84.
Cools, M., Simmonds, M., Elford, S., et al.(2016) Response to the Council of Europe
　Human Rights Commissioner's Issue Paper on Human Rights and Intersex People.
　European Urology, **70**(3), 407-409.
Dreger, A.(2005) *One of us : Conjoined twins and the future of normal.* Harvard Univer-
　sity Press.（針間克己訳（2004）私たちの仲間——結合双生児と多様な身体の未来. 緑
　風出版)
dsd-LIFE group(2017) Participation of adults with disorders/differences of sex devel-
　opment (DSD) in the clinical study dsd-LIFE : Design, methodology, recruitment,
　data quality and study population. *BMC Endocrine Disorders*, **17**(1), 52.
dsdteens HP http://www.dsdteens.org/（2018年12月16日取得)
Fliegner, M., Richter-Appelt, H., Krupp, K., et al.(2018) Living with permanent infer-
　tility : A German study on attitudes toward motherhood in individuals with Com-
　plete Androgen Insensitivity Syndrome(CAIS) and Mayer-Rokitansky-Kuster-Hauser

Syndrome (MRKHS). *Health Care for Women International*, 26, 1-21.

日高庸晴 (2018) 多様な性と生活についてのアンケート調査報告書. 三重県男女共同参画センター「フレンテみえ」調査研究報告書, 平成28・29年度.

Hughes, I. A., Houk, A. C., Ahmed, S. F., et al. (2006) Consensus statement on management of intersex disorders. *Archives of Disease in Childhood*, 91(7), 554-556.

Johnson R. E. & Murad M. H. (2009) Gynecomastia: Pathophysiology, evaluation, and management. *Mayo Clinic Proceedings*, 84(11), 1010-1015.

国立社会保障・人口問題研究所 (2015) 現代日本の結婚と出産―第15回出生動向基本調査報告書. http://www.ipss.go.jp/ps-doukou/j/doukou15/doukou15_gaiyo.asp (2018年12月16日取得)

Koyama, E. & Weasel, L. (2002) From social construction to social justice: Transforming how we teach about intersexuality. *Women's Studies Quarterly*, 30(3/4), 169-178.

Lee, P. A., Nordenström, A., Houk, C. P., et al. (2016) Global disorders of sex development update since 2006: Perceptions, approach and care. *Horm Res Paediatr*, 85 (3), 158-180.

Quigley, C. A. (2009) Disorders of sex development: When to tell the patient. http://www.accordalliance.org/wp-content/uploads/2014/11/Quigley-LWPES_PAS_mini_course_may09_for_Accord.pdf (2018年12月16日取得)

Rider G. N., McMorris, B. J., Gower, A. L., et al. (2018) Health and care utilization of transgender and gender nonconforming youth: A population-based study. *Pediatrics*, 141(3), e20171683.

Schweizer, K., Brunner, F., Gedrose, B., et al. (2017) Coping with diverse sex development: Treatment experiences and psychosocial support During childhood and adolescence and adult well-being. *Journal of Pediatric Psychology*, 42(5), 504-519.

Sontag, S. (1978/1989) Illness as metaphor and AIDS and its metaphors. Farrar, Straus and Giroux. (富山太佳夫訳 (2006) 隠喩としての病い――エイズとその隠喩. みすず書房)

van Lisdonk, The Netherland Institute for Social Research (2014) Living with intersex /DSD: An exploratory study of the social situation of persons with intersex/DSD. (ネクスDSDジャパン訳 (2015) インターセックス／性分化疾患の状態とともに生きる. https://www.nexdsd.com/) (2018年12月16日取得)

Williams, N. (2002) The imposition of gender: Psychoanalytic encounters with genital atypicality. *Psychoanalytic Psychology*, 19(3), 455-474.

Wisniewski, A. B., Chernausek, S. D., Kropp, B. P. (2012) *Disorders of sex development: A guide for parents and physicians*. Johns Hopkins University Press.

World Professional Association for Transgender Health (WPATH) (2012) Standards of care for the health of transsexual, transgender, and gender nonconforming people, 7 th version. *International Journal of Transgenderism*, 13, 165-232.

第6章
LGBTQ＋の家族支援

枝川京子

I　はじめに

　自分の性のあり方は生き方と直結する。自分が同性を好きであること，あるいは自分のもつ性への違和感に気づいたLGBTQ＋当事者，特に子どもたちは，自分のセクシュアリティは多数者と分かち合えないものだと感じ，自分のありように一人苦悩する。性への関心が高まる成長段階において友人同士で恋愛や性に関する話題ができないことは，他者との親密な関係の構築の阻害にもなる。しかし，身近な大人である親がその悩みや苦しみに気づくことは難しい。それは子どもに対する理解不足なのではなく，多様な性についての知識が得られていないからである。

　LGBTQ＋の子どもが家族にカミングアウトしたいと思っても実行しないのは，次のような多岐にわたる心理的葛藤があるからだといえる。

　まず，身近な家族に理解してほしい気持ちがある。しかしLGBTQ＋に対する社会的評価の低さを認識し，それを否定的に捉えている自分がいるために打ち明けることができない。LGBTQ＋に相当する自分を表すことの恐怖があるからである。またカミングアウトしたためにそれまで自分を護り慈しんでくれた親に拒絶される，親を苦しめることになる，期待に背く罪悪感をもつからである。

　また，カミングアウトされた親にとって，「わが子」だからすべてを受容できるというわけではない。異性愛が当然な社会の中で生き，多様な性の教育を十分に受けなかった親世代にとっては，同性愛やトランスジェンダーに

ついての基礎知識が十分にあるといえない。親も子どもと同様，わが子の思考は異常かもしれない，子育ての方法に誤りがあったかもしれない，世代をつなぐ人間の誕生はないと困惑し，失望する。さらに自分の思いは，身近な人や地域社会と分かち合えないと疎外感を抱く。このようなことから，自分や当事者である子どもの存在を否定的にとらえる場合も少なくない。

親もカミングアウトされる，もしくは子どものセクシュアリティを知った時点で，「親当事者」として生きることになる。それを受け入れるか否かも含めて，混乱する心理過程そのものを支えるサポート体制は不足している。

そこでこの章ではLGBTQ＋の家族，特に親がカミングアウトを受けた後の心理過程をアイデンティティ形成の観点を中心に述べる。その上で，心理カウンセラー（以下，カウンセラーと記す）の家族支援の方策を，筆者がこれまでの面接や，インタビュー調査で得られたLGBTQ＋の親の語りを引用しながら述べたい。LGBTQ＋当事者の支援には，当事者が生きる環境の調整という視点が欠かせない。つまり，当事者の家族も環境の１つであり，家族がサポート機能を司ることは当事者の心身の安定には欠かせないと考えるからである。

Ⅱ　当事者のカミングアウトと家族

「私の親には話せない。なんで自分だけこんな人生なのか。」「（異性装は）ファッションの１つではないの？」「未知で怖い。」「（自分の子どもは）性別違和に当てはまるの？　病気？　そうでなければ異常？」「どうしてあげたらいいのか……。」

これは子どもからカミングアウトを受けたLGBTQ＋の親の語りの一部である。親としての混乱や切実な思いが伝わってくる。

LGBT当事者の意識調査によると，親にカミングアウトしている人は22％に留まる。年齢階級別では10代が23.5％，20代が23.9％，30代が24.4％で以降は減少する。また職場や学校でのカミングアウトと比較して，親への方がよりハードルが高いという（日高，2016）。また林（2016）は，ゲイ・レズビ

アンには２つの大きなクライシスの時期があり，１つは思春期から青年期前期の，自身がゲイ・レズビアンのではないかと気づく時期，もう１つは青年期後期，30代頃の家族や職場から結婚や家庭をもつことの期待が強まり，それにどう対応するか悩む時期であると述べている。また「いのちりすぺくと。ホワイトリボン・キャンペーン」(2013) の調査結果から，学齢期の LGBT の約７割が学校でいじめや暴力を受け，その影響として約３割が自殺を考え，約２割は自傷に及ぶという。特に，学齢期の子どもたちは，カミングアウトだけでなく，学校への適応しづらさがあることも説明する必要に迫られる。また，心身の活動エネルギーが枯渇した場合は，その説明する力さえも消失している。つまり，カミングアウトの実行の問題だけでなく，子どもたちが追いつめられ，カミングアウトできない状況を知ることも必要である。

このような背景を踏まえた上で，当事者はどのようにセクシュアリティに関するアイデンティティを形成していき，親は親当事者としてどのようにアイデンティティを形成するのか，モデルを提示して述べる。

Ⅲ　アイデンティティ形成から見たセクシュアリティ理解

1．LGB＋当事者のアイデンティティ形成モデル

同性愛アイデンティティの視点から提唱された「ゲイ，レズビアンのアイデンティティ形成のモデル」として Cass (1979, 1984) によるものや Troiden (1989) によるものがある。後述する石丸 (2008) のマイノリティ・グループ・アイデンティティ形成段階とあわせて図６−１に示す。

Cass のアイデンティティ形成モデルは次の６段階で説明される。

第１段階「アイデンティティの混乱」：自分の行動や関心が同性愛的であることに気づくことで混乱する。

第２段階「アイデンティティの比較」：異性愛者と自分とを比較し，同性愛である可能性を受け入れ始める。所属感を得にくく，疎外感，孤立感をもつ。

第３段階「アイデンティティの寛容化」：社会的・性的・情動的な必要性を満たすために同性愛コミュニティを探索する。

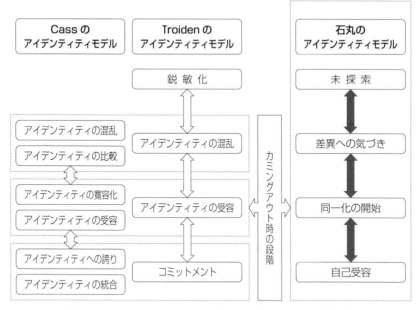

図6-1　Cass, Troiden, 石丸によるアイデンティティ形成段階

　第4段階「アイデンティティの受容」：同性愛文化との接触が増えることで，同性愛に関することに自信をもてる。また異性愛者の無理解に対する怒りを覚える。
　第5段階「アイデンティティへの誇り」：同性愛者としての自分に満足を感じる。
　第6段階「アイデンティティの統合」：同性愛者であることが自分のアイデンティティの中に統合されていく。すべての同性愛者が5，6段階に至るわけではなく，実際にはその前段階で停滞するケースもある。
　Troidenによるモデルは4段階で説明され，同性愛者が自己の同性愛性を意識する以前から始まるとした点がCassと異なり，Troidenの2段階以降はCassの6段階モデルと対応する。
　第1段階「鋭敏化」：自己の同性愛性を自覚する以前の状態である。この段階は主に思春期以前で，自分が同性愛者であるという自覚がない。しかし，この段階で学んだ知識や経験が後に自分が同性愛者であると気づく基盤とな

る。

第2段階「アイデンティティの混乱」：自分の考えが同性愛的であることを認識し，それまで形成した自己像との不協和が生じる。異性愛者としても，同性愛者としても，同一性が形成されず，混乱が生じる。Cass のモデルにおける第1段階と第2段階に対応している。

第3段階「アイデンティティの受容」：自身を同性愛者と認識し，同性愛者としての活動を始める。自分が同性愛者として社会適応ができるかを試みたり，希望の適応スタイルを検討する。これは Cass の第3段階と第4段階に対応している。

第4段階「コミットメント」：同性愛を自身の人生のあり方として肯定的に意味づける。この段階は Cass の第5段階と第6段階に対応している。

２．LGB＋の親のアイデンティティ形成モデル

石丸（2008）はさまざまなマイノリティに共通する要素として，マイノリティをメインストリームと分け隔てている差異・特異性・スティグマの存在をあげ，異なる自分をどのように受容していくかという問いも共通であるとした。さらにマイノリティ・グループ・アイデンティティの典型的な発達過程について図6-1のような統合モデルを示している。このモデルは LGBTQ＋の親が親アイデンティティ形成に至る過程として説明できるため援用し，説明を加える。

1）未探索・マジョリティ的態度

まだ自分の差異や特異性に気づいていない，あるいは気づいていても特に向き合うことなく過ごしている状態。

異性愛は通常のこと，性は男女に二分化されるものという考えに基づいた価値観や態度を形成している。そのことが疑う余地のない「普通のこと」であるため，形成していることへの意識が乏しい。この段階における考え方は，子どものセクシュアリティを知った際に葛藤が起こる可能性を含んでいる。

2）差異への気づき・差異の出現

差別や偏見を受ける体験や，自分のもつマイノリティ性とマジョリティ的価値観の不協和によって，自分の差異や特異性と向き合い始める。この段階

は一定期間持続する状態というよりも，転換点を表す。

親にとって予定外のカミングアウトは，マジョリティとの差異を突然与えられるものとなる。また，子どものインターネット検索履歴や所持物（雑誌や書籍）から徐々に疑念が蓄積されて，向き合う形になる場合もある。子どものセクシュアリティを知ることは自分が親当事者になるかもしれないということを意味し，まさに転換点といえる。

3）同一化の開始・逡巡

自分のもつ差異や特異性と向き合って考えていく中で，徐々にマイノリティ・グループへの同一化を始める。ただし，同一化に至るかは，個人差が大きい。

LGBT コミュニティへの参加や，立場を同じくする人と交流することで，所属するグループの文化や価値観を取り入れ始める。また，未探索の状態にあった時の，自グループに対するネガティブな価値観が強固である場合には，ネガティブなものを自分に同一化させていくものとなり，このプロセスは困難なものになると石丸（2008）は述べている。この段階は自分の心身の安定を保つために，親アイデンティティ形成モデルと向き合うか否かを葛藤する心理状態を生み出す。また，居住地域のコミュニティグループの有無，LGBTQ＋に関する知識をもつ人との関わりの程度など，個人の価値観と環境が影響を及ぼす。

4）自己受容・安定したグループ観

マイノリティとしての自分をポジティブに受け入れ，自分の属するグループに誇りをもっている状態。

例えば，LGBT コミュニティの参加によって得られる文化と非 LGBT の文化の両方に肯定的な評価をするができ，どちらかに極端に賛同することなく，あるがままのありようを受け入れることができ，安定した社会適応を示す。

3．アイデンティティ形成の視点から見た LGBTQ＋の親子理解

Cass や Troiden のモデルを LGBTQ＋のアイデンティティ形成の指標としてとらえ，石丸のモデルを LGBTQ＋の親のアイデンティティ形成の指標

第6章　LGBTQ＋の家族支援　91

としてとらえる。すると子ども，または親のアイデンティティ形成との間に
次の4点を見出すことができる。

1）親子のアイデンティティ形成の段階には相違がある

　子どものアイデンティティ形成段階と，親のそれとは到達している段階の
相違がある。つまり，子どものカミングアウト時の年齢（発達段階），子ど
ものアイデンティティ形成の段階，また意に添ったカミングアウトか否かを
判断する必要がある。その上で，親にとってもカミングアウトが予定調和的
であったか，親はアイデンティティ形成モデルに向き合えているか否かを把
握する。すべての人が同様の過程を経るわけではないが，このように親面接
の際，状況を参照する指標があれば，カウンセラーはLGBTQ＋の親子それ
ぞれがたどる心理状態を理解し，それぞれの段階に即した対応がしやすくな
るであろう。

2）子どものアイデンティティは揺らぎながら形成されていく

　親子それぞれが，形成段階を直線的に進むものではないことを考慮すると，
特に子どもの心理過程が定まらない時期は，親の心理的混乱も増幅すると考
えられる。例えば子どもがCassのモデルの第1段階のアイデンティティの
混乱期にあり，親に「今は同性愛と思っている。でも違うかもしれない」と
話した時，親にセクシュアル・マジョリティを望む気持ちがあると，子ども
の発言の「違うかもしれない」「一時的なもの」という部分を過大に評価し，
肯定的に受け入れるバイアスが働くであろう。あるレズビアン当事者は，迷
う気持ちを母親に打ち明けた際，「お母さんにもそんな時期があった」と助
言を受けひとまずの安定を得ることができた。しかし時を経て自身のセク
シュアリティが確固となった時，かつての母親の助言に対して「一時の気の
迷い程度にしか受け取ってもらえなかった」，と評価が変わり，結果的にセ
クシュアル・マジョリティ（異性愛者）となって自身を産んだ母親とはわか
り合えないととらえ，親子関係が変化することになった。

　平田（2014）は，子どもがアイデンティティ混乱から比較検討の段階にい
る時期は，自らの性指向を明確にできないことや言語化が難しい場合もある
と述べている。つまり親面接において，子どもの発言に左右されないような
対応を心がける助言が重要となる。このようにアイデンティティ形成は段階

を経て到達していくものではなく，往き来しながら自己形成をしていくということを親面接で伝えていくことは肝要である。また，辛い感情や混乱をそれとして表出できず，反抗的な態度や行動化，あるいは自傷行為，あるいは学校への適応しにくさなど，形を変えて表現することへの理解も必要である。

3）親のアイデンティティ形成の中に省察期間が生じる

親にとってカミングアウトは石丸アイデンティティ形成モデルの「差異への気づき」に相当する。不意にカミングアウトを受けた親は，心の準備もないままこの段階に投げこまれざるを得ず，その心理的負荷は大きい。しかし，時間を経ると「そういえば思い当たることもあった」（トランスジェンダーの親）という発言のように Troiden の「鋭敏化」段階の子どもの振舞いが理解できたり，自身の「未探索」段階に目を向けて省察できる場合もある。また不登校の要因にセクシュアリティが関与しているかもしれないという気づきや，思春期心性だけでは説明のできない子どもの態度を理解できることもある。この場合，アイデンティティ形成段階を往き来するというより途中の段階からスタートしているため，第1段階に立ち戻り省察する期間が途中に挟まれるととらえることができる。

4）親と子の形成段階に隔たりが大きい場合，親の形成プロセスのペースがつかみにくくなる

子どもが自分のセクシュアリティについてある程度確固とした考えを構築し，カミングアウトを行った場合，当事者は Cass の第4段階の「アイデンティティの受容」以上の段階に達しており，親のアイデンティティ形成段階との差異がある。親の側に追いつかなければ（しかし追いつけない）といった焦りが生じ，「早く理解しよう」とアイデンティティ形成段階を自分のペースでたどれないこともある。カウンセラーはアイデンティティ形成プロセスを理解し，親の受容プロセスと当事者のプロセスとは差異が生じるものであり，隔たりが大きいほど親の心理的混乱を生じさせ，理解・受容を阻害していることを認識しておく必要があろう。

Ⅳ 対象喪失という視点から見たセクシュアリティ受容

　対象喪失とは，親しい一体感をもった人物の喪失を通して，愛情や依存の対象や自分の役割を失うことである。この対象を失った時，悲しみと苦痛などさまざまな感情体験を表出する過程を経ることで，対象に対する断念と受容の心境に達することができる。つまり，この「悲哀の仕事」に取り組むこと自体に意味があると小此木 (1979) は論じている。

　LGBTQ＋の家族にとってカミングアウトは，それまで産み育てた「マジョリティと思っていた子」と「マジョリティの親として描いていた親役割」を失うことである。次のようなトランスジェンダーの親の語りがある。

　　私が一番ショックだったのは，私はこの人は○○（得意とするスポーツ）の世界で10年以上やってきていて，この人はこういう人生を歩くんやろうなってぼんやりと思い描いていた部分が，すべて真っ白になってね。性別を変えることで自分のやってきたものが全部ないものになっちゃう。自分がこれまで一生懸命やってきたものを全部投げ出すっていうことなんやっていうのはショックだった。どうするんだろう，これから。

　親にとって，子どものそれまでのセクシュアリティでの生活を喪失することは，今までの自分の認識や価値観を捨て，新たに構築する必要に迫られることである。それを親が自分にとって不都合なことだととらえると，その感情との対峙を避ける反応が生じる。人と違ってしまったような疎外感を抱き，他者に言うことではないと考える場合も少なくない。このような状態で，同境遇の仲間を見つけ，喪失感を分かち合うことは難しい。また，将来への不安や虚しさ，子育てや自身の関わりの自責感，無力感を抱くことは，自己のアイデンティティまで喪失する危険を伴い，メンタルヘルスを低下させる要因となりうる。

　この心理状態時に，親自身の価値観や精神的対象の喪失を受け入れていく悲哀の作業は，カウンセラーが共に取り組めることである。カウンセラーに

丁寧に話を聴いてもらい，抑えていた感情をありのままに表現し心を解き放すことで，親は思いを整理していく作業に取り組める。悲しみや苦しみの表出は時に苦痛を伴うが，感情表出を重ねる中で，家族が子どもに望むライフスタイルと子どものそれとは違うこと，その双方を認めるカウンセラーとの関わりを通して，「わが子は死んだのではなく，新しいわが子となって生きることを選択したのだ」「それこそが子どもの望む生き方なのだ」と，これから進む方向を確認することができる。このように決して励ましや労いではなく，直接的に喪失に向き合う作業を共に引き受けることも，カウンセラーの役割である。

また，セクシュアリティは「障害」ではないが，簡単に受け入れることが困難なこととして，親が子どもの障害を受容していく過程が参考になる。例えば，親が子どもの障害を受容していく過程は長期にわたり紆余曲折するが，いずれは障害のある子を受容するに至り，心理的に安定していくという段階説，親の悲しみは一過性ではなく，子どもの成長に伴うさまざまな出来事で繰り返されるという慢性的悲哀説，適応と落胆という障害の肯定と否定の両価的感情を併せもちながら進行していくという螺旋形モデルがそれである。セクシュアリティの受容といえど，その程度には個々人，また個人内においても変動がある。親の心的過程を深く理解するために，これらのモデルも理解しておきたい。

V 中年期女性のアイデンティティ危機と多様なセクシュアリティ

一般的に中年期は40代を中心とし，高年期以前の年齢を指す。子どもが思春期や青年期のLGBTQ＋の場合，その親は中年期に属している人が多い。

中年期には社会的役割が変容し，体力・心理的にも変化がみられる。これまでの自分の生き方，あり方そのものについて問い直し，見直しを迫られる中で，自己の中核となってきたアイデンティティが揺らぐような危機が存在する。岡本 (1999) は，ここでの心の発達の「危機」とは破局的なものではなく岐路を指し，発達的危機とは心の発達にとって，さらに成熟の方向に進

むか，あるいは退行に進むかの分岐点であると述べている。つまり中年期の発達課題は「生活環境・家族関係・社会的役割の変化に柔軟に対応できるアイデンティティの再確立と認知の再体制化」といえる。特に主たる養育者である場合の多い母親は，子どもの成長に伴い，その役割を消失する。この役割変化の受けとめ方によって中年期以降のアイデンティティ再確立の様相は異なる。

　LGBTQ＋の親の場合，この中年期の発達的危機の時期とLGBTQ＋に関わることが連動し，その後の親の生き方やありように影響を及ぼすことがある。ここでLGBTのコミュニティ活動に積極的に関わる親の語りを引用する。

　　「当事者の方たちの問題であるというよりも，受け止める側の社会を整備しなければいけないだろうと思います。（自分が）行動を起こすことで自分がね，今まで見えなかったものが見えてくることの面白さ（に気づく）といいますか。」
　　　　　　　　　　　　　　　　　　　　　　　　　　　　　（ゲイの母親）
　　「子どもに宣言したのは〝絶対あんたのために戦うで〟と。性同一性障害の人たちが普通に暮らせるやっぱり世の中を築いていくためには，お母さん，あんたが40，50になっても戦うでと。国会レベルの話ですからね。」
　　　　　　　　　　　　　　　　　　　　　　（トランスジェンダーの母親）

　このように親が新たな役割をもち，医療，教育，福祉などの未整備の部分へ問題提起することは，まだそれだけの力量を獲得していない子どもには大きな支えとなる。もちろんコミュニティに参加する母親が，カミングアウトを受けて即時にこのような活動を始めたわけではない。しかし彼女たちがLGBTQ＋の問題に吸い込まれるように取り組んでいったのは，中年期の自己のとらえ直しの時期を迎え，子育てをする親としての役割の終わりを感じていた時に，新たな役割を発見したからともいえる。自身の発達課題にLGBTQ＋に関する活動を重ねることは，個人としての成長・成熟と，社会に関わる自分という両面の要素を満たすことができ，今後の親の人間成長の可能性を見出せる。つまりLGBTQ＋サポート活動は子どものためだけはな

く，親としての自己肯定感を増大させ，自身のアイデンティティを再確立することにもなる。このように親が中年期の変化を受容し，精神的危機を回避した場合，多様なセクシュアリティは親自身の生き方に目を向け，問い直し，新たな価値観を構築していく素材ととらえることができる。

　ただ，親子が手を携えて同じ活動に取り組むことは，親子の心理的な距離を縮められるが，子離れの時期を先送りすることにもつながる。本来，子どもが取り組むべき課題を，親が自分の課題として取り込んでしまうことへの注意は必要である。

Ⅵ　カミングアウトと親子関係

　親はカミングアウトを受けた時点で親当事者となる。その心理過程について理解し，親アイデンティティの形成におけるサポートは必要である。そこでアイデンティティ形成の「転換点」であるカミングアウトと親子関係について見解を述べる。

1．カミングアウトの時期

1）子どもが思春期に相当し，セクシュアリティ混乱期でのカミングアウト

　思春期心性は第二次性徴に伴い自己イメージを改築するものであり，自立というテーマに向き合う時期である。LGBTQ＋の子どもは，この思春期心性に向き合うことに自分のセクシュアリティに関する混乱も加わるため，異性愛の子どもより多大なエネルギーを必要とする。自分のセクシュアリティを感じ始めたLGBTQ＋の子どもは，自分の中で整理がつかない思いに不安や混乱を覚え，学校や仲間への所属感の得にくさを自覚することもある。加えてLGBTQ＋の子どもはいじめの被害者となる確率が高く，不登校に至るケースも多い。しかし周囲の大人が当事者の状況や心情を察知できない場合，「原因不明の」不登校ととらえられ，LGBTQ＋であることが不登校の要因として学校に認識されていたとは言い難い。親もまた思春期心性だけで説明できない子どもの様子や「原因不明の不登校」に戸惑い，対応を講じてみるものの，奏功しない結果に至りやすい。この時，親が子どもの心身の不調や学

校不適応の要因に，セクシュアリティが関連するという気づきがあれば，カミングアウトやその気配を察することができる。その結果，子どもが自己開示とそれによる心身の負担軽減の可能性が見出せる。そのためにも周囲の大人がセクシュアリティの知識をもつことが必要である。

　2）自己理解と受容が子ども自身の中で確固たるものとなった後のカミングアウト

　子どもが混乱期を経て LGBTQ＋ である自分を認識し，それが揺るぎないものとして認識，受容された場合，カミングアウトの際に親子の関係性を必要以上に壊さないための細部にわたる工夫がみられる。例えばテレビに登場する LGBTQ＋ を視聴する親の様子を観察し，受容度を見極めた上で実行する，SNS に少しずつ発信し，間接的にカミングアウトするなどである。したがって親にそのことを理不尽に責められない限り，カミングアウトによって相手の理解が得られない，関係性が崩壊する状態を引き起こすことは少ない。

　この場合，子どもは Cass のモデルの第4段階の「アイデンティティの受容」以上に至っていると考えられる。しかし，親は石丸のアイデンティティモデルの「未探索」もしくはその段階を経ずに「差異への気づき・差異の出現」段階に自覚なく突入することとなる。このため，親に混乱や迷いが生じるのに反し，子どもが確固とした思いや態度であることに親はさらに動揺し，思わぬ形で親の感情が子どもにストレートに表現される場合もある。例えば病院での治療を求める，学生の場合学費は払わないと脅す，親子ではないと発言し子どもを責めるなどである。子どもにとって予定調和的なカミングアウトのつもりでも，親の反応が予想を上回るものであった場合，親子の心理的均衡は崩れ，双方のメンタルヘルス低下に及ぶ危険性がある。膠着状態が長期化すれば，親子関係の再構築に期間を要することが懸念される。

2．カミングアウトによる親子関係の変化

1）親子理解が深まる場合

　さまざまな不適応状態の要因について1つの解が得られる，確信がもてなかった子どもの状態に得心がいき，関係性が好転する，または新しい関係性を築こうとする状態である。

98 第Ⅰ部 教育現場とLGBTQ＋

２）子どもが特に否定されないが，肯定的認知を得られたわけでもないと感じる
　　場合

　親が混乱しているが表面上望ましい対応をしようと努力している状態。も
しくは「子どもの問題だ」と自分と距離を保ち，そのことを聞けない，聞か
ない，追求しないという状態である。自身の育児の方法とセクシュアリティ
とを交錯してとらえ，親が自身に原因を求めるため，このことに触れたくな
いという思いもある。取り上げるには自身の負荷が高いことが予想されるの
で触れないことで自身のメンタルヘルスを維持しようとする状態である。

　３）それまで一定の親子関係が構築されていたが，軋轢が生じる場合

　LGBTQ＋について理解はするが，わが子のセクシュアリティは（現在は）
受け入れられないという状態。時間をかけて話し合う中で，１）や２）の状
態に変化していく可能性がある。

　４）セクシュアリティだけに留まらない親子関係の構築の難しさがベースにある場合

　この場合は子どもがカミングアウトを選択しないことが多い。育児環境を
含めた，親の養育能力が不足していたり，愛着形成がうまくいかなかったり
した場合が考えられる。

　また，親が子どもの人生に目標や望ましい結果を思い描き，それを達成さ
せたい気持ちが強い場合は，LGBTQ＋であることが期待に背くものとなる。
また，子どもが幼少期から親の過度の期待に応える態度や行動を示して成長
した場合は，子どもは親の価値観を内在化している可能性が高い。この内在
化する親の価値観から脱する作業は，時にLGBTQ＋の受容と同等のエネル
ギーを費やすものとなろう。このような場合は，LGBTQ＋の受容の問題で
はなく，それまでの親子関係のあり方の問題ととらえる方が適切といえる。
そうであるならば，カウンセラーはカミングアウトの実行方法や，時間をか
けて親の理解を得ることを検討するのではなく，LGBTQ＋の子どもが，親
子の関係性を示唆してくれる手がかりのひとつがセクシュアリティである，
と気づけるように支援していくことが肝要である。そうすることで，子ども
が必要以上の自尊心低下や傷つきから自身を守ることになろう。

　カミングアウトは必ずしも親子間に必要というものではない。親のパーソ
ナリティや親子の関係性によっては，カミングアウトをしない方がメンタル

ヘルスを保てる場合もある。親がカミングアウトを受け入れられるか否かは，それまでの親子の関係，親のパーソナリティ，親の多様な性に対する認識の程度などさまざまな要件が絡み合っている。特に親にとってLGBTQ＋に関する知識は乏しいのが現状であり，親が生きた世相から形成した価値観（生育地域の文化・性別役割文化・ジェンダー観）がその受容を大きく左右する。つまり，すべての親が時間をかければ受容的になるわけではないことへの認識も必要である。

Ⅶ　家族理解と支援のあり方

1．親に必要な支援

　親面接では，まず親としての立場に敬意を払い，親の不安や狼狽を受けとめ，心理的安定を図ることが出発点となる。相談に訪れた時には，インターネット検索を含むセクシュアリティに関する情報に翻弄され，近親者のさまざまな助言に混乱し，あるいは助言を得ることもできず，さらに自身の育て方や接し方に原因を探し，自己肯定感を下げていることが少なくない。そこで，カウンセラーは親の思いを共感的に受容することを通じ，心の余裕を取り戻すことを援助する。そして，親のLGBTQ＋に対する知識とその正誤，親のパーソナリティ，加えてパートナー（配偶者）や当事者以外の子どもとの関係も聞き取るなど，情報の収集や整理も行う。その上でLGBTQ＋についての基本的な説明，トランスジェンダーに関する場合はその情報の提供，LGBT＋コミュニティの紹介など当事者や家族へのサポート，生活環境の調整といった役割を果たす。つまり親面接では支持的心理療法のアプローチを中心としながら，LGBTQ＋の子どもに対する関わり方の助言，考えられる今後の見通しを説明する心理教育を担うことも必要である。

　LGBTQ＋の当事者がアイデンティティを形成していくことと同様に，親もまた親当事者としてアイデンティティ形成していく。カミングアウトされた親が苦しみ悩む，その心情の根底にこそ，子どもを思う気持ちがある。そのことをカウンセラーは親に伝えていきたい。

2．きょうだいに必要な支援

　家族の一員であるきょうだいも家族の機能を有している。家族は社会の最
小単位であり，人間関係の基礎を相互の交流の中で学びうる場所である。家
族のメンバーがLGBTQ＋だと明確になった時，きょうだいだからこそのマ
イナス感情は生じるものである。LGBTQ＋のきょうだいがもつマイナスの
感情には，以下のようなことが考えられる。

　　①不安（自分もLGBTQ＋ではないか／自分のコミュニティに知られてしま
　　　い，自分の立ち位置が存続できるのか危ぶまれる）
　　②孤独感（きょうだいとしての立場を理解してくれる人の不足）
　　③不満（家族の関心がLGBTQ＋当事者に向かい，自分に配慮がないように
　　　感じる）
　　④罪悪感（LGBTQ＋に関心をもてない，共感できないこと／自分より当事
　　　者への対応が優先されていると思う気持ちをもつことに対するもの）
　　⑤プレッシャー（例えば婚姻，出産などLGBTQ＋当事者が簡単には得られ
　　　ないことを自分が代償しなければいけないのではないか，というもの）
　　⑥将来への不安（展望の描きにくさ／LGBTQ＋当事者の老後）

　きょうだいは一番身近にいる存在のため，親の大きな不安や葛藤，混乱に
巻き込まれやすい。LGBTQ＋の子どもや親に気持ちの余裕がないと，きょ
うだいへのメンタルケアは後回しになりがちである。特にきょうだいが思春
期の場合，親の感情表出の仕方によってはきょうだいの成長・発達にも影響
を与える。またLGBTQ＋当事者と同居している場合は，きょうだいも周囲
の無理解や偏見を感じる場合がある。きょうだいを傷つけないための支援は
当事者同様に必要なものである。

　しかし，きょうだいが教師や養護教諭，スクールカウンセラーなど学校に
存在する大人に直接的な支援を求めるとはいえない。きょうだいが自身のコ
ミュニティに存続できるのかを憂慮し，相談室に行く自分を知られることが
嫌だという思いがあり，また自身や当事者について話すことが，「LGBTQ＋

のきょうだいである自分」を強く認識する機会となるからである。そのこと
を受け入れる準備が整っていない場合は，ネガティブな感情の想起は苦痛を
伴うため，結果として直接的な支援を求めないのだろう。

　きょうだいの支援としてカウンセラーや教師，養護教諭など学校関係者が
取り組めることは，多様な性に対する正確な知識をもつことである。その上
で得た知識を，学校教育の端々に盛り込み，当事者やきょうだいだけでなく
非当事者にも伝えていくことである。学校教育において人権教育はもとより，
保健体育における性教育の単元，家庭科における家族の単元など，多様な性
の知識の伝搬は，柔軟な視点をもつことでさまざまな教科に盛り込むことは
可能である（枝川・辻河，2011a）。加えて，当事者担当のカウンセラーがきょ
うだいの所属する学校のスクールカウンセラーと連携することも必要であ
る。例えば，きょうだいの所属する学校で心理教育の機会をもつ，専門家同
士の連携できょうだい支援の方策を講じる等である。そのような環境整備は，
当事者やきょうだいのアイデンティティ構築における自己形成を支えるもの
となる。

　このような活動は，きょうだい支援となるのみならず，非当事者や保護者
にとっても，LGBTQ＋の存在を正しい情報に則って理解する契機となる。個
別のケースに対応するだけでは大きな変化は生じにくいが，個別のケースを
スタートとして，LGBTQ＋の現状や正しい性の知識を伝搬することは，す
べての児童・生徒の教育にもなりうる。

Ⅷ　メディアによる知識伝播の意義

　2020年の東京オリンピック・パラリンピック開催の影響もあり[注1]，近年，
LGBTQ＋をめぐる社会的認知はブームの様相を呈し，「LGBT バブル」とも
いわれる。「バブル」という一過性のとらえ方は望ましくないが，多くの人
への周知は歓迎されることだ。

注1）2014年にオリンピック憲章の差別を禁じる項目に，人権や性別などと並んで「性的
　　指向」が盛り込まれ，開催都市には LGBT の差別禁止が求められている。2014年のリ
　　オデジャネイロ五輪では，50人以上の選手がカミングアウトした。

102 第Ⅰ部 教育現場とLGBTQ＋

　さて，何であれわれわれが情報を得る媒体は，テレビ・インターネットなどのマスメディアが主流である。日本民間放送連盟の放送基準には「性的少数者を取り上げる場合は，その人権に十分配慮する」とある。しかしバラエティ番組に登場するゲイ男性は，女性らしさを誇張するスタイルを演じることが求められ，実際のゲイ男性とは相違がある。しかしそのことは視聴者にはわかりづらく，「ゲイ男性はオネエのような様相と振舞いをする人」という認知が形成される。このように視聴者はテレビ番組の取り上げ方に影響を受ける。こうしたメディアを通して「ゲイ男性像」を学習することは，彼らは滑稽な，特異な存在だという認識を生じさせる危険性を孕む。

　視点を当事者と家族に戻す。ある当事者は「親はカミングアウトされた時，否定せずに，自分らしくあればいいんだ，みたいな感じで受け入れてほしい。やっぱり理解ある親の方がいい」と語り，「そのためにメディアで，LGBTQ＋の人は実際におり，同性を好きになることはおかしくないと伝えてほしい」（20代・レズビアン）と続けた。最近，バラエティでもなく，権利や差別問題を主張するスタイルでもない形でLGBTQ＋が出てくるテレビ番組が，ドラマを中心に増えている[注2]。LGBTQ＋とそれを取り巻く素朴な疑問を，ストーリーの中で伝えていく作品，家事分担をジェンダーの視点で取り上げる作品，同性愛のカップルがサブキャストとして登場する作品など，LGBTQ＋が自然な立ち位置で描かれている。そのような作品は，視聴者がLGBTQ＋に対して自然な理解を深める一助となる。メディアのジェンダー表現が多様性に富むことは，親を含むすべての視聴者への知識の普及と学習となる。親世代がLGBTQ＋のことを知る媒体は，マスメディアしか残されていないといっても過言ではない。現代社会が直面する問題について自然な形で取り入れる媒体としてマスメディアが存在しているのであり，異なる文化や多様な性のあり方について理解を広める方策を検討することはマスメディアの役割である。

注2）邦画『彼らが本気で編むときは』（2017）／NHKドラマ『弟の夫』（2018）／『女子的生活』（2017）／民放ドラマ『隣の家族は青く見える』（2017）／民放ドラマ『逃げるは恥だが役に立つ』（2017）など。多数の作品があるため，2017年以降に限定した。

Ⅸ　LGBTQ＋親子並行面接における心理カウンセラーの中立性

　筆者が知る限り，学校臨床の現場でLGBTQ＋家族の面接を受けた場合，当事者・家族の双方を同一カウンセラーが担当することが多い。担当者が1人の場合，ケースの全体像がつかみやすく，一貫性をもった方針で関わることができる。家族を1つの存在としてとらえる方が適切な場合もあり，担当者が1人の方がよい部分もある。また学校臨床，特にスクールカウンセラーの場合，各校に配属のカウンセラーは基本的に1人であり，望ましい面接形態を検討することすらできない。また複数のカウンセラーが所属している相談機関でも，カウンセラーによってセクシュアリティに関する知識の差異があり，結果的に知識や経験のあるカウンセラーが1人で担う実態がある。

　さらに学校臨床の場で相談を受けた場合，親面接はコンサルテーションなのかカウンセリングなのか，またその境界線はどうあるのかという認識と判断が欠かせない。児童・生徒・学生がクライエントという観点に立てば，親はクライエントの問題解決の理解や環境調整のためにあり，クライエント（LGBTQ＋の子ども）と親が別のカウンセラーという設定をすることは稀であろう。

　こうして1人のカウンセラーが担当した場合，カウンセラー−クライエント関係に必要な中立性が侵される可能性が否めない。前述したように親子それぞれのアイデンティティ形成段階があり，親によってはその段階に乗らないことで自身の安定と家族機能を保つ人もいる。そのような状況で，親がセクシュアリティに関する疑念や不安を解消したいと来室した場合，親はカウンセラーに子どものセクシュアリティの受容を促されるのではないか，子どもが至ったアイデンティティ段階に「追いつき」「同じペースで歩まなければいけない」のではないか，という不安をもっている。カウンセラーがセクシュアリティ受容や決定を強いていなかったとしても，親がそう感じている可能性は高い。つまり，カウンセラーは親子並行面接だからこそ個別性を重視し，親子それぞれの心情への細やかな理解が必要である。

104　第Ⅰ部　教育現場と LGBTQ＋

　また，セクシュアリティに関する相談は，たとえコンサルテーションとしての機能を有していても，親のセクシュアリティに関する認識の程度により，数回の継続的な面接を行うことが多い。回数を重ねる中で，セクシュアリティ理解のために親自身の育ちや価値観の形成などに話が及ぶことは容易に理解ができるものであり，来談者が自身の問題と子どものセクシュアリティとの区別をつけられないことも至極当然である。

　いずれの場合においても，親面接はあくまでも子ども理解や関係調整の場ととらえ，親自身の個人的な問題を深く掘り下げることに慎重でありたい。教育機関で相談を受けた場合，児童・生徒・学生支援を主眼に置き，そのサポート資源として親と会うスタンスは必要である。親の問題に取り組む必要性があり，親自身がそれを望む場合には，親面接としての枠ではなく，親自身をクライエントとして他機関へのリファーを検討する方がよいであろう。このように教育機関での親支援は機能による限界がある。しかし，親にとっては，セクシュアリティに関することも含めた相談の場を得にくいという現実があり，やっと出会えたカウンセラーとの面接の継続を希望したいという心境への理解は必要である。

　さて，面接を続ける中で，親の変容がみられると子どもの変容，特に親子関係の変化がみられることが多い。面接の中で語る作業は，親が子どもへの関わりや理解のあり方を見つめ直し，今後の親子関係を構築していくものとなる。つまりカウンセラーは親・子それぞれのありようを尊重し，語りを読み解く姿勢が求められる。特にセクシュアリティを語る場は簡単に得られるものではない。セクシュアリティを自由に語る場があることは自分自身を象る契機になる。つまり「自由に語る空間」を整えることは，語りを共同生成するカウンセラーを設えることである（枝川・辻河，2011b）。そのためにはカウンセラーが，自己のセクシュアリティの認識を深め，LGBTQ＋を支援する際の知見や概念を理解し，心理的支援の視点を養うことが必要となる。1人で親子面接を担当するカウンセラーのバーンアウトを避けるためにも，いずれの相談機関においても LGBTQ＋親子の心理支援を担当できるカウンセラーを育成することは早急の検討事項である。

X おわりに

筆者がスクールカウンセラーとして勤務する学校で，LGBTQ＋をテーマにした研修を行った際，教員から次のような感想を得た。「LGBTの児童・生徒の理解者でありたい。ただ，もし自分の子どもがそうであった場合，容易に受け入れることはできない。それには長い年月がかかると思う」(30代・異性愛者)。決してLGBTQ＋に対して無理解なのではなく，むしろ深く理解しようとした結果，葛藤が生じたことがうかがえる。教師としてはLGBTを理解し，最善の対応をしたい。しかし，それが家族となると同様とはいえない。家族の受容は自分自身や他の家族，生活コミュニティにも関連するものであり，深い洞察をするほど，立場の違いによる自身の考えの矛盾や受容への抵抗と直面化し，自分は理解者といえるのかと自問するのであろう。

もちろん家族に理解され，受容されることに越したことはない。しかし，受容をゴールにしてはいけない。「受容」は個々によって異なるもので，誰かが求めるものではない。カウンセラーはそもそも受容しなければいけないことなのか，目の前の人がもつ個別性を加味して話を聴く姿勢が必要である。

また，親と子という関係は永続的なものであるが，子どもの成長に伴い，子どもと親それぞれに関わる人や生活環境が異なってくる。それは子どもの自立へのステップであり，親子の一定の心理的距離を保つものとなる。つまり親が子どもとの世代間の境界をもち，課題を押しつけるのでもなく，子どもを見放すでもないスタンスは，子どもが自立に向けた発達課題に向き合うための親の関わり方といえよう。支援者は子どもが自立に至るまでの期間を見据え，「LGBTQ＋当事者」と「親当事者性」を支援する方策を講じる。またそれだけではなく，環境との相互作用という視点からの環境調整を行い，「家族性」を支える必要がある。

最後に。LGBTQ＋の立場を知ることは，新しい知見を得ることにつながる。それは人権問題，ジェンダー，フェミニズムの問題を考える際に，男性・女性という視点を超えた新たな視点をもたらすからである。多様な性に対する知識をもち得ていると，理解や見立てがより多面的にでき，自身を高める

ものとなる。性のグラデーションや家族の姿に正誤はない。同性パートナーシップ制度や同性カップルによる里親制度など，多様な考え方や生き方を支える制度も現に生まれつつある。それを知り，認めることが自分を含め，誰もが生きやすい社会につながる。

性の多様性から始まる人間の多様性，価値観の多様性を自他ともに認め，自分らしく生きるための指針を与えているのがセクシュアル・マイノリティの立場に置かれた LGBTQ＋の人である。本章がマイノリティの立場にある人の，心理的支援の方策の一指針となれば，幸甚である。

文 献

Cass, V. C. (1979) Homosexual identity formation : A theoretical model. *Journal of Homosexuality*, **4**, 219-235.

Cass, V. C. (1984) Homosexual identity formation : Testing a theoretical model. *Journal of Sex Research*, **20**, 143-167.

枝川京子・辻河昌登 (2011a) LGBT 当事者の自己形成における心理的支援に関する研究——ナラティブ・アプローチの視点から．学校教育学研究，23，53-61.

枝川京子・辻河昌登 (2011b) LGBT 当事者の理解にナラティヴ生成が果たす役割．心理臨床学研究，29（1），85-96.

林 直樹 (2016) ゲイ・レズビアンと精神療法．精神科治療学，31（8），1027-1032.

日高康晴 (2016) LGBT 当事者の意識調査——いじめ問題と職場環境等の課題．http://www.health-issue.jp/reach_online2016_report.pdf（2018年5月10日取得）.

平田俊明 (2014) レズビアン，ゲイ，バイセクシュアル支援のための基本知識．（針間克己・平田俊明編著）セクシュアル・マイノリティへの心理的支援．岩崎学術出版社，pp. 26-38.

いのちりすぺくと。ホワイトリボン・キャンペーン (2013) LGBT の学校生活に関する実態調査結果報告書．2013年度東京都地域自殺対策緊急強化補助事業．http://www.endomameta.com/schoolreport.pdf（2018年7月8日取得）

石丸径一郎 (2008) 同性愛者における他者からの拒絶と受容——ダイアリー法と質問紙によるマルチメソット・アプローチ．ミネルヴァ書房．

岡本祐子 (1999) 女性の生涯発達とアイデンティティ——個としての発達・かかわりの中での成熟．北大路書房．

小此木啓吾 (1979) 対象喪失——悲しむということ．中公新書．

Troiden, S. S. (1989) The formation of homosexual identity. *Journal of Homosexuality*, **17**, 43-73.

第7章
海外の学校における LGBTQ＋への対応

五十嵐透子

Ⅰ　はじめに

　本章では，海外の教育機関と関連組織における性的な多様性に関する対応に積極的に取り組んでいる5カ国を取り上げる。学校における LGBTQ＋への対応に影響を及ぼす LGBTQ＋の人々に対する歴史的かつ社会文化的要因を含め，現状と教育現場における対応を概観する。

Ⅱ　アメリカの学校における LGBTQ＋への対応

1．LGBTQ＋を中心とした学校
　アメリカでも苦しんでいる LGBTQ＋の生徒は後を絶たず，自殺企図も2～4倍以上高いことが問題視されている（Haas et al., 2010）。2017年11月に実施されたハリス世論調査では，LGBTQ＋の人たちに理解的かつ支持的であるアライの割合も2016年に比べ有意に減少し，学校で距離を感じる割合の高さが示されている（Harris Poll, 2018）。加えて，アメリカ国内で同性の両親に養育されている子どもたちは20万人ほどになることが推定されており（Gates, 2015），児童生徒が LGBTQ＋でなくても，家族が LGBTQ＋であることの影響も対応が不可欠な状態として注目されている。52州のうち少なくとも7州で LGBTQ＋統合化カリキュラムが法的に禁止されているが，1980年代から LGBTQ＋の生徒を対象にした学校が私立・公立校ともにいくつか設立されている。入学者が増えなかったり資金繰りの困難さから閉校してい

108 第Ⅰ部 教育現場とLGBTQ＋

る学校（例えば，ウォルト・ウィットマン・コミュニティ・スクールやプライド・スクール・アトランタ）もあるが，以下の2校のように公立校として充実・拡大している学校もある。

1）ハーヴェイ・ミルク・スクール

1985年にニューヨーク市に同性愛の男子生徒を対象に公立のハーヴェイ・ミルク・スクール（Harvey Milk High School）が開校された。同性愛であることを公にして立候補しサンフランシスコ市議会議員となったが，その後1年もたたずに射殺されたHarvey Milkにちなんで校名がつけられている。異性愛でないことで危険にさらされている生徒のために開校され，2002年にニューヨーク市教育省の管理下で高等学校の承認を受けている。100名以下の小規模校で，他の1校以上で高校生活の維持が困難になった転校生を受け入れる形態をとっている。

2）アライアンス・スクール

ウィスコンシン州ミルウォーキーのアライアンス・スクール（Alliance School）は，2005年に国内最初の公立チャーター高等学校として「セクシュアリティ，アイデンティティ，外見，能力，信念にかかわらず，生徒にとって安全な場所」として設立された。嫌がらせや脅迫，さまざまな虐待，LGBTQ＋のために学習を妨げられている生徒を対象として，200名程が在籍し，中学校の開校を進めている。

これらのLGBTQ＋の児童生徒を対象とした学校設立に対しては反対も多い。さまざまな児童生徒が直接ふれ合い友人関係を築いたり，違いを解決したり，レジリエンスを発達させ不快感と危険性の識別ができるようにするためにも，独立した別の学校ではなく統合化教育の重要性も指摘されている（Jarvie, 2015）。多様な教育形態がみられるアメリカであるが，学費の高さや学校認定の困難さもあり，閉校になっている学校もみられ，公的教育制度の拡大を求める保護者も少なくない。

2．中等教育機関の実態調査結果

GLSEN[注1]は1999年から2年ごとに中等教育機関を対象としたLGBTQ＋

の実態調査を続けている。13〜21歳までを対象として全国からデータ収集をしているが，2007年から2017年までの10年間，6回の結果の一部を表7-1にまとめた。

表7-1に加え，欠席の割合は，LGBTQ＋以外の生徒に比べて3倍以上多く（2017年44.6% vs. 15.7%），より厳しい規律を求められると感じている割合も，他生徒に対し2倍弱多い（2015年46.0% vs. 27.9%，2017年44.0% vs. 26.5%）（Kosciw et al., 2016, 2018）。さらに，安全性が感じられない以上に敵対的な学校環境は，LGBTQ＋の生徒の学業成績と精神的健康に多大な影響を及ぼし，いじめや嫌悪感の被害を受けたり差別を受けたりした生徒は成績も低下しウエル・ビーイングも低いこと（Kosciw, et al, 2018）が示されている。表7-2は，LGBTQ＋の生徒でも強い迫害体験を受けている生徒と，少ないあるいは迫害を受けていない生徒の比較である。

さらに，退学を考えている生徒の33.9%は，敵対的な学校環境はセクシュアリティやジェンダーに関する学校の方針と実践に起因していると考えていることも示されている。

GLSENは，2001年と2017年を比較し，いじめや差別の犠牲になっている割合が減少し，学校内でのサポートが増加していることを指摘している。これには，学校内にゲイ・ストレート・アライアンス（GSA：gay-straight alliance)[注2]の存在の大きさがエビデンスとして示されている。ピア・サポートとしてLGBTQ＋以外の生徒とともに居心地のいい空間をもつだけでなく，生徒の主要な場所である「学校」において，心理社会的に防衛的にならず，知覚的にも実態としてもあるがままに受け入れられ認められるとともに，居場所として所属感も体験できる関係をもてていることがポジティブな結果につながっている。LGBTQ＋の生徒へのサポーティブな生徒間でのGSAを

注1）GLSEN（Gay, Lesbian & Straight Education Network）は1990年にボストンで設立されたゲイ・レズビアン・ストレート教育ネットワークで，安全で包括的な学校づくりへの取り組みに関する活動を行っている。K-12において性指向・性同一性・性表現（SOGIE）に関する差別や嫌がらせ，いじめのない学校づくりを目的としている。

現在は，30年近い活動により国際的に高い認識を受け，「GLSEN」と頭文字で認知されている。「安全・尊敬・健康・リーダーシップ」を4つの柱として，教育実践プログラムの開発と提供や教員研修，政策への働きかけなどと並行して，希望する学校に生徒や教職員への教育実践や組織づくり，教員研修などのサポートを提供している。

110　第Ⅰ部　教育現場と LGBTQ＋

表 7－1　GLSEN の調査結果（Kosciw, et al., 2008, 2010, 2012, 2014, 2016, 2018）

割　合（%）	2007	2009	2011	2013	2015	2017
対象数	6,209	7,261	8,584	7,898	10,528	23,001
1．学校の安全性や雰囲気						
1）性指向のために，学校が安全と感じられない	60.8	61.1	63.5	55.5	57.6	59.5
2）性表現のために学校が安全と感じられない	38.4	39.9	43.9	37.8	43.3	35.0
3）安全に感じられないので，過去1カ月以内に1日以上欠席した	32.7	30.3	29.8	30.3	31.8	34.8
4）安全に感じられないので，過去1カ月以内に4日以上欠席した	—	—	—	10.6	10.0	10.5
5）安全性や快適さが感じられないため，性別に区分された場所や授業を避ける						
更衣室	—	—	39.0	35.4	39.4	42.7
トイレ			38.8	35.3	37.9	40.6
体育授業			32.5	31.9	35.0	39.3
6）安全性や快適さが感じられないため，学校行事や課外活動に参加しない（学校行事／課外活動）	—	—	—	68.1/61.2	71.5/65.7	75.4/70.5
2．LGBTQ＋に関するネガティブな発言						
1）LGBTQ＋の人称をネガティブに使われている	90.2	88.9	84.9	71.4	98.1	98.5
2）男らしさや女らしさなどの性表現をきく	90.2	62.6	61.4	56.4	95.7	94.0
3）LGBTQ＋に関する嫌悪的表現をきく	73.6	72.4	71.3	64.5	95.8	95.3
4）教職員がLGBTQ＋に対する嫌悪感の発言をしている	63.0	60.4	56.9	51.4	56.2	56.6
5）教職員がネガティブな性表現の発言をしている	60.2	59.0	56.9	55.5	63.5	71.0
3．いじめ						
1）言語的嫌がらせや脅しを受けた	86.2	84.6	81.9	74.1	85.2	70.1
2）身体的いじめを受けた	44.1	40.1	38.3	36.2	27.0	28.9
3）身体的暴力を受けた	22.1	18.8	18.3	16.5	13.0	12.4
4）ネット上での嫌がらせを受けた	—	52.9	55.2	49.0	48.6	48.7
5）性的嫌がらせを受けた	—	—	—	—	59.6	57.3
6）いじめを学校側に伝えていない	60.8	62.4	60.4	56.7	57.6	55.3
7）伝えていても，何もしてくれなかった／無視された	31.1	33.8	36.7	61.6	63.5	60.4

第7章 海外の学校における LGBTQ +への対応 111

表7-2 LGBTQ+の生徒で迫害体験の状態による比較（Kosciw, et al, 2018）

	迫害を強く受けている生徒	少ないあるいは迫害の経験を受けていない生徒
1．性指向のために強い迫害を受けている状態		
1）過去1カ月に欠席した日がある	63.3%	23.1%
2）成績の平均ポイント（GPA）	3.0	3.3
3）高校卒業後の進学を考えていない	9.5%	5.0%
4）より厳しい規律を求められる	54.1%	30.3%
5）高い自尊心の割合	29.3%	49.4%
6）学校に対しポジティブな所属感をもつ	21.3%	56.1%
7）強い抑うつ状態	63.2%	39.1%
2．性表現（服装や髪型など）のために強い迫害を受けている状態		
1）過去1カ月間に欠席した日がある	61.6%	23.2%
2）成績の平均ポイント（GPA）	2.9	3.3
3）高校卒業後の進学を考えていない	9.6%	4.9%
4）より厳しい規律を求められる	52.1%	30.8%
5）高い自尊心の割合	28.3%	50.2%
6）学校に対しポジティブな所属感をもつ	21.3%	56.7%
7）強い抑うつ状態	64.7%	37.9%
3．LGBTQ+に関する差別を受けている状態		
1）過去1カ月間に欠席した日がある	44.6%	15.7%
2）成績の平均ポイント（GPA）	3.1	3.4
3）より厳しい規律を求められる	44.0%	26.5%
4）高い自尊心の割合	34.0%	59.6%
5）学校に対しポジティブな所属感をもつ	31.3%	70.5%
6）強い抑うつ状態	55.0%	32.8%

含めた公認サークルも，2007年の40％に対し2017年には60％に増加している（Kosciw, et al., 2018）。

　加えて，アライであることの表明も重要視されている。これは，校内や教室のドアにポスターやレインボーサインを掲示することが含まれる（図7-1）。

図7-1　校内のレインボーサイン

3. カリフォルニア州の取り組み

　カリフォルニア州は2011年に The Fair, Accurate, Inclusive, and Respectful Education Act（略して，FAIR：公平・正確・包括的・尊重し合う教育法）を可決し，学校でLGBTQ＋を統合したカリキュラムで教育する権限を各学校に与えている（Moorhead, 2018）。カリフォルニア州の動きは，性的な多様性に関連した欠席，抑うつ状態，いじめといじめに伴う自殺企図や自殺とその割合の高さなど，安全で安心できる教育環境を阻害する人的・物的現状への教育的対応である。

　Vecellio（2012）は，FAIR教育法に基づく教育実践の具体化に，移民の歴史をもつカリフォルニア州の地域性を生かし，Banks（2001）が提唱した「多文化の統合化」の4レベルを，K-12[注3]を通して行う「LGBTQ＋統合化カリキュラム」として提案している（表7-3）。グローバル化や国際化の課題に

注2）1980年代に心理学科博士後期課程に所属していたVirginia UribeがLGBTQ＋の生徒が学校内で直面する現状を問題視して，国内の10学区を対象に調査を行い，支援が欠如していることを明らかにした。その後ロサンゼルスのフェアーファックス高等学校（fairfax high school）で，在籍していた1人の同性愛の男子生徒が嫌がらせを受けて退学したことから，キンゼイ報告書で人口の10％が同性愛であると示されたことをもじり，1984年に"project 10"として校内でLGBTQ＋の生徒へのサポートと教育活動への組織的取り組みを始めた。1989年にマサチューセッツ州の2つの私立高校フィリップス・アカデミー（Phillips Academy in Andover）とコンコード・アカデミー（Concord Academy in Concord）が生徒組織としてこの活動に取り組み，LGBTQ＋の生徒と異性愛の生徒がともに安全で居心地のいい学校づくりを行うクラブとしてGSAと名づけた（Snively, 2004）。GSAは学校内だけでなく地域でも組織化されており，学校内の場合は単独で使用できる部屋をもち，活動に対する認知度を高めている。

第 7 章　海外の学校における LGBTQ ＋への対応　113

表 7 - 3　LGBTQ ＋統合化カリキュラムの 4 レベル（Vecellio, 2012）

レベル	状　態	概　要
レベル 1	社会への貢献	過去に貢献した人物，祭日など
レベル 2	付　加	既存のカリキュラムを変えずに，内容，概念，テーマや展望を加える
レベル 3	変　容	カリキュラムの編成を変えて，児童生徒が複数の視点から考える概念，課題，出来事，テーマを加える
レベル 4	社会活動	生徒たちが重要な社会的問題や課題への取り組みを決めて，支援への行動をとる

直面している日本とは異なる歴史や地域性をもつが，多様性を理解し受容度を高める教育実践に参考になる。

　これら 4 つのレベルは順に進める必要はないが，レベル 1 では，性的な多様性に関する著名な人物や出来事などを学習し，LGBTQ ＋の人たちの社会における貢献状態に焦点を当てる方法である。表面的な事実学習になる可能性もあるが，歴史上の出来事や主要な人物からさまざまな点を学び課題を検討するための出発点としては，学童期には効果的である。国際トランスジェンダー認知の日（ 3 月31日），LGBT プライド月間（ 6 月），アメリカとイギリスの LGBT 歴史月間（10月）と国際カミングアウトデイ（10月11日）などの記念日をカレンダーに書き込み，それぞれを祝うといった活動も含まれる。

　カリフォルニア州で最も大きい学区であるロサンゼルス統合学区（Los Angeles Unified School District：LAUSD，小中高1,700校）の人間関係・多様性・公平性部門は，性的多様性に関し毎年キャンペーンを行っている。2017年は性の多様性に関わる歴史上の人々や出来事を，カレンダーにして各教室の掲示物として提供している（図 7 - 2 ）。

　レベル 2 は現行のカリキュラムを変えずに，LGBTQ ＋の内容を加えていく対応であるが，時間的・内容的に理解を深めにくい。社会通念が「正常なこと」と位置づけやすく，真のインクルージョンではなく，「自分（たち）

注 3 ）アメリカの幼稚園は 1 年制で小学校内に統合されており，年少と年中の幼児はプレ・スクールに通っている。K-12は幼稚園の kindergarten の頭文字の "k" をとり，年長児および小学校 1 年生から高校卒業までの13年間の教育機関を表す総称である。州により各校種の就学年齢や開始年齢が異なることもあり，教育の連続性や一貫性を重要視する点から，このように表現されている。

図7-2　LGBT 歴史年間カレンダー

とは異なる人たち」と分離する可能性がある。しかし，このレベルの多様性の理解に焦点を当て，小学生を対象に『タンタンタンゴはパパふたり』(Richardson et al., 2005) や『いろいろ　いろんな家族のほん』(Hoffman & Asquith, 2010) などの書籍を活用したり，ゲスト・スピーカーによる授業などが含まれる。これらの活動を通して，より身近なこととしてとらえることを促進している。

レベル3になるとカリキュラムの編成を変えて，専門化した教科書を使い，社会的，文化的，歴史的，政治的といった多角的な側面からLGBTQ+の個人やコミュニティに対する理解を深める教育実践を行う。カリフォルニア州は，2016年に社会科の教科書にLGBTQ+の人々に関する裁判や社会に対する貢献を記載し，児童生徒に教えることが義務づけられた最初の州である(Steinmetz, 2017)。黒人やネイティブ・アメリカン(先住民族)，ユダヤ人やホロコーストの生存者，女性権利主義を主張する人々など，人種や宗教，性別などさまざまな偏見差別に関する歴史教育の中に，性的な多様性が加えられた。2018年の新年度から，幼稚園から高校3年生(K-12)まで，LGBTQ+を統合した教科書使用が進められている。人権教育でもLGBTQ+の人たちの葛藤や論点，権利など，LGBTQ+の人たちがどのような体験をして，どのような対応が必要であるのかといった，当事者の視点からの理解と対応を重要視した内容になっている。LGBTQ+が他のマイノリティと異なる点として，視覚化されにくいことや人の成長の基盤となる「家族」そのものがテーマの1つになることがあげられる。歴史的にLGBTQ+の人たちが，どのような扱いを受けてきたか，そして今現在どのような対応を受けているのか，それらに対し生徒1人ひとりがどのように関わり考えているのかなど，他者と共存して生きることそのものに触れるレベルといえる。

さらに，2016年1月California Healthy Youth Act (CHYA：カリフォ

ニア州健康的な少年法）の施行に伴い，2018年度から性教育とHIV感染予防に関する包括的な性的健康教育は，公立の中学1年生から高校3年生が，在籍中に少なくとも1回（計2回）は受けなければならない必修科目となった（CA Department of Education, 2018）。チャーター・スクールの中学校と高等学校は含まれていなかったが，2019年度から必修科目にする通達が出されている。加えて，小学校でも適切な研修を受けた人が，包括的な性的健康教育かHIV予防教育を発達段階に合わせて実施しなければならないことが規定されている。CHYAでは，実施者にはセクシュアリティ，健康，妊娠，HIVと性感染症に関する最新の医学知識を有することを求めており，教員が行うこととは規定されていない。外部講師が包括的な性的健康教育とHIV感染予防教育を行ったり，教職員研修を実施したりすることとされている。

　レベル4では，生徒たちが重要と思われる視点や活動を検討し学校内外での課外活動を行う。生徒たちはLGBTQ＋の同級生を支持する「アライ」となり，個人やグループでLGBTQ＋に関するさまざまな社会的活動を行う。カリキュラムの一環として関連団体を訪問したり，外部者と交流をしたり，教育委員会や議員に手紙を出したりしている。

　アメリカでは児童生徒へのセクシュアリティおよびLGBTQ＋に関する教育は，第二次性徴の変化や性感染症を含む安全な性行為についてだけでなく，HIVやAIDS，性的多様性などが生物の一部や歴史や社会科学習の中に含まれてきた。他国をみると，オランダでは人間関係とセクシュアリティ，生物やホームルームで，フランスでは生物に加え歴史や公民，フィンランドでは人間生物学・健康教育，タイでは保健体育の一部など，必須科目になっている場合と，オプションの場合がある。

　加えて，LGBTQ＋に関する教育関係機関（国，県，市，学校レベル）のウェブ・サイトには，「リソース・ガイド」が必ず含まれている。LAUSDを見ると，LAUSDが提供しているものが12，教材関係が13，関連方針や指針リスト，LGBT関係の29団体の情報があり，これらの情報提供を行い，学外リソースに「つなぐ」役割を，学校内の常勤スクール・ソーシャル・ワーカーやガイダンス・カウンセラー（日本のスクール・カウンセラー）などが担当している。このワーカーやカウンセラーの仕事として児童生徒，教職員，教育

116 第Ⅰ部 教育現場と LGBTQ＋

機関，保護者，教育委員会，地域，そして管理機関である教育省（文部科学省）や国民全体への対応と，多層的レベルの対応が含まれる。

Ⅲ　その他の国の取り組み

1．オランダ

オランダは，同性愛の人々の婚姻が2000年に世界で初めて合法化され，2018年の第22回国際エイズ学会でアムステルダム宣言を発表しており，性的多様性の人々の人権に世界的にも先進的な国である。しかし，移民の受け入れやポルノグラフィ，ソフト・ドラッグや売春などの合法化に併せて多文化共生の課題も抱えている。

1917年の憲法改正で「教育の自由」が確立し，公立・私立学校ともに教育費は国からの支給を受け，各学校の自由裁量で教育実践が行われている（Dijkstra et al., 2004）。必修科目の達成すべき中核目標は定められているが，国レベルで一律の教科書や教材を用いた教育ではなく，卒業までにどのように達成するかは学校ごとに自由に設定でき，2012年から「性教育」は義務化されている（リヒテルズ，2016）。教育科学省の支援を受けた COC（Cultuur en Ontspanningscentrum［Center for Culture and Leisure］：1946年に設立された世界で最も古い LGBT 団体）が，安全な学習環境の確立のためにさまざまな教材や資料を提供しており，多くの学校が LGBTQ＋に対するいじめ防止と嫌悪感に関する覚書書に署名して，ウェブ・サイトを含めて公に責任を明確化している。

リヒテルズ（2016）は日本の性教育との差異を2つ取り上げている。1つ目は，オランダは性徴の変化や生殖，妊娠や出産，避妊や堕胎，性病などの性的発達や性行為，性感染症と予防などの「知識の伝達」だけでなく，適切な情報収集の仕方，意見や意思決定，他者の尊重や生活におけるスキルや態度を学ぶという「人間関係とセクシュアリティ」という分野での教育が行われていることである。2つ目は，児童生徒の心身の健全な発達を教科横断的に行い，児童生徒や教職員，保護者から構成される学内の関係者で共同体が構成されており，学外の専門家の助言も受け入れて実施されていることであ

る。これは教育科学省だけでなく厚生省の2省の協力のもとで「ヘルシー・スクール・プログラム」として，包括的に実施されている。

「人間関係とセクシュアリティ」教育では，世界保健機構ヨーロッパ支部の「性教育基準（Standards for Sexuality Education in Europe）」を，児童生徒の課題達成能力の発達状態に添ったカリキュラム作成のリソースとして用いている。加えて，GALE財団（LGBTに関する教育の普及と促進活動に国際的に取り組んでいる慈善団体）の支援を受けた団体であるGALE（Global Alliance for LGBT Education）は，LGBTQ＋教育実践のツールとして学校長，教職員，児童生徒，保護者の4つの対象別にToolkit Working with Schools 1.0を発行している（Dankmeijer, 2011）。ツール・キットは，特定の重要なテーマ（specific）を測定可能（measurable）かつ達成可能（attainable）で，関連した内容（relevant）を時間的配慮をして行うこと（time bound）を重要視しており，これら5つの頭文字から"SMART"と略称されている。カリキュラムの内容は，NPOのEduDivers（Education and Sexual Diversity：教育と性的多様性に関する専門センター）の提案に基づいており，「学校における同性愛に対する恐怖感や嫌悪感への介入地図」を用いて教育実践が行われ，複数の機関が連携して教育実践へのサポートを行っている。介入地図には，行動レベルで観察かつ測定可能な達成目標が含まれており，①LGBTQ＋の人たちに対し，拒絶や否定などのネガティブな言動を行わない，②LGBTQ＋の人たちへのサポートを促す（たとえば，生徒：友人のカミングアウト時への対応，教職員：ネガティブな行動への対応），③LGBTQ＋の児童生徒のレジリエンスとエンパワーメントを強化する，④一緒に過ごす時間を増やし社会的距離を近づける（Dankmeijer, 2011）の4つに区分されている。

2．ベルギー

ベルギーは同性婚をオランダに続き世界で2番目に2003年に合法化し，カミングアウトをしている政治家も多く，社会的にもLGBTQ＋の人たちは認められており，活動も盛んな国である。ゲルマン民族とラテン民族が融合した多民族社会で，公用語もフランス語，フラマン語（オランダ語），ドイツ語の3つが用いられる。GALEの2017年ヨーロッパ報告書（Dankmeijer, 2017）

118 第Ⅰ部 教育現場とLGBTQ＋

によれば，政府からの資金援助を受けているNPOのÇavariaやSensoaが
SOGIE（sexual orientation, gender identity and gender expression）に関し学
校向けにさまざまな教育プログラムとサービスを提供しており，教科書の定
期的なチェックも行っている。

　しかしLGBTQ＋関連の教育プログラムは，すべて現行カリキュラムに追
加するかオプションとされており，LGBTQ＋の生徒たちの19％しか授業の
有益さを認めておらず，偏見が含まれた内容も含まれていると生徒はとらえ
ており，大きく改善していないことが指摘されている（Çavaria, 2012）。加
えて，教育機関でのLGBTQ＋の生徒たちに対する周囲の態度もかなりポジ
ティブで，85％が友人や誰かにカミングアウトをしていても，学校に在籍し
ている割合は51％であった。SOGIEに基づくハラスメントは法的に禁止さ
れていても，LGBTQ＋でない生徒たちよりもいじめの対象になりやすいこ
とが示されている。

　これらの状況に対し，DESPOGI(disadvantaged because of their expression
of sexual preference or gendered identity：性指向や性同一性の表現のために不
利な立場になること）という表現を採用し，DESPOGIに対応するための包括
的なカリキュラムの作成やDESPOGIへの対応を含んだ統合化した教員養成
教育とともに，すべての教職員にDESPOGI対応の研修も行う動きが進んで
いる。加えて，介入による効果研究を進めることはもとより，教育機関の差
別防止に関する条約の批准や，教育領域における差別撤廃関連報告書に
DESPOGIを含める提案を行う，といった国レベルでの対応が進められてい
る（Dankmeijer, 2017）。

3．カナダ

　カナダは移民を積極的に受け入れてきた歴史をもち，人種や民族，性別，
障害などの多様性を尊重し，すべての人が平等に生活を送る国を目指す多文
化主義政策（multiculturalism）を1971年に導入している。同性婚も世界で3
番目に認められ，2003年に国内で最初に採択されたのがオンタリオ州で，2014
年のワールド・プライド・パレード[注4]の開催地でもある。ケベック州は1977
年に世界で初めて人権の規約に性指向を加えた州で，2005年にはカナダ全州

で同性婚が合法化している。

　使用教科書は，多様な人々で構成される社会に対応したもので，差別のない道徳的・宗教的価値が尊重された内容であることが規定されており，教育省の認定を受けることになっている。LGBTQ＋の存在も明記され，個別性に応じた教育の保障ができるカリキュラムになっている（佐野ら，2017）。

　2007〜2009年にカナダ国内で，オンラインと15の学校で3,700名を対象に高校生活に関した質問紙調査を実施した結果（Taylor et al., 2011），70％が日常的にセクシュアリティやジェンダーに関する何らかの発言を聞いており，そのなかでも，教員から毎日あるいは毎週，LGBTQ＋に関連したネガティブな発言を聞いている割合は12〜23％であったことが明らかにされた。ハラスメントの種類ごとに見ると，言語的嫌がらせを，LGBTQ＋以外の生徒の26％が受けている状態に対し，性別違和の生徒の74％，それ以外のLGBTQ＋の生徒の55％が体験しており，毎日あるいは毎週の言語的嫌がらせの体験は20〜37％に及んでいた。身体的嫌がらせや暴行は，LGBTQ＋以外の生徒の10％に対し，LGBTQ＋の生徒の21〜37％が被害を受けており，セクシュアル・ハラスメントは性別違和の約半数（49％），LGBの33〜43％の生徒が体験していた。

　LGBTQ＋の10代を対象に，家族からの対応との関連を検討したRyanら（2009）の調査では，自殺企図は8.4倍，抑うつ状態は5.9倍，薬物使用は3.4倍など，家族からネガティブな対応を受けると健康状態やウエル・ビーイングに多大な影響を及ぼすことが明らかにされている。理解的でサポーティブな両親とそうでない両親と生活する性別違和の思春期の状態に関し，オンタリオ州の調査結果を表7-4にした（Travers et al., 2012）。学校は，児童生

注4）女優ジュディ・ガーランド（オズの魔法使のドロシー役）は両性愛を公表し，同性愛への理解を示していたが，1969年6月22日に亡くなった。葬儀の夜に，葬儀が執り行われた教会近くのニューヨーク市グリニッジ・ビレッジのゲイバー，ストーンウォール・インで同性愛の人たちが時間を過ごしていた。そこに警察による手入れが行われたが，これまで以上に厳しい対応であったため，反撃をして暴動となった。1年後の6月に，ストーンウォール・イン暴動を記念するパレードが行われ，以来毎年拡大してきた。2000年からはワールド・プライド・パレードとして，恥ずかしく隠しておく状態への対比として「誇り」を示す言葉の「プライド」を用いて，LGBTQ＋の人たちだけでなく，多様性を認め公平で自由な社会を求める活動の1つになっている。

120　第Ⅰ部　教育現場と LGBTQ＋

表7-4　サポーティブな両親とサポーティブでない両親と暮らす思春期の性別違和の状態

	サポーティブな両親	サポーティブでない両親
生活全般満足度	72%	33%
高い自尊感情	64%	13%
精神的健康（非常によい）	70%	15%
家庭内の問題	0 %	55%
抑うつ状態	23%	75%
自殺企図	4 %	57%

対象：433名の性別違和の10代（Travers et al., 2012）

徒だけでなく，保護者への対応も急務の課題といえる。

　カナダでは1990〜2000年代は，家庭科では両親が同性愛である家族，歴史教科では市民権運動や偏見差別に触れない教育が行われていた（Temple, 2005）。LGBTQ＋に関し世界的にも先駆的なオンタリオ州では2015年に改訂した教科書「新しい性教育」を，2018年の新学期から1998年版に戻すことになっている（BBC, 2018）。このような逆行する変更の理由として，発達段階に合った内容でないことや，家族としての価値観を排除する内容がある点があげられている。例えば，11歳の授業内容に「マスターベーションは，多くの人が行っていて楽しめるもの」という記述があることや，性指向や2人の父親や母親の家族，身体の性と心の性の不一致に関する内容に対し，強い反対を受けたことが理由とされている。

4．スコットランド

　グレートブリテンおよび北アイルランド連合王国の1つであるスコットランドでは，2006年に保護者参加法（parental involvement act）が制定され，スコットランド国立親フォーラム（National Parent Forum of Scotland: NPFS）が設立された（Jackson, 2017）。教育機関に児童生徒を通学させている保護者全員が NPFS のメンバーになることが義務化され，国・地域・学校レベルで，教育機関だけでなく関係機関と協働して"すべての児童生徒の潜在能力の最大化を追求する"ことを目的として，下部組織にペアレンツ協

議会（parent councils）が置かれている。NPFSのさまざまな活動の中の1
つがインクルーシブ教育で，LGBTQ＋も含まれている。この動きには，2016
年に発表されたTIE（Time for Inclusive Education）のLGBTの若者への偏
見差別体験の実態調査結果がNPFSのより積極的な活動に拍車をかけてい
る（Jackson, 2017）。調査からは，LGBTの若者の90％が学校で同性愛や性
別違和に対する恐怖感や嫌悪感に関するいじめを受けており，対象生徒の
27％がいじめを理由に自殺企図の経験をもっていたこと，学校での辛い体験
から，95％が過去・現在・将来にわたる長期的なネガティブな影響を受けて
いることなどが明らかになった（TIE, 2016）。

　TIEの調査には479名の教員も協力しており，80％が同性愛や両性愛，性
別違和に対する嫌悪感やいじめに対応するための十分な研修を受けていない
ことが示された。研修を受講している教員でも適切に対応できると思ってお
らず，研修費の負担や勤務時間内の校内外研修でないことが受講の障壁に
なっている実態が明らかにされた。加えて，LGBTに焦点化された対人関係
や性的健康，親になることに関する授業のためのガイドラインが公にされて
いるが，これらの内容が効果的であると考えている教員は9％しかおらず，
34％はガイドラインを読んだことがなく，存在すら知らない教員が21％を占
めていた。さらに，2009年に各学校に同性愛に関するいじめや嫌悪感に関す
る教材としてツール・キットが配布されているが，使用した教員は7％のみ
で，47％はツール・キットが何であるかも知らなかった。しかし，すべての
教員がLGBTに特化した研修を受ける必要性があると考えており，90％以
上の教員がLGBTを包括した教育の必要性を認識していた。

　これらの状態に対し，Stonewall（2018）は月1〜5回の頻度で教員対象
に地域研修会を実施している。同性愛や両性愛，性別違和に対する恐怖感や
嫌悪感に関するいじめの実態と学校全体への影響や学習達成度，さまざまな
活動に及ぼす影響を理解するだけでなく，実際の対応方法やLGBTQ＋の生
徒をサポートする方法を具体的に学び，教員として法的に求められている要
件を満たした教育活動を行えるように取り組んでいる。政府レベルでは，執
行機関としてScotland Educationを設立し，あらゆる年齢層の教育の質と
改善を支援するために教員だけでなく保護者も対象に，さまざまな情報とサ

122 第Ⅰ部 教育現場とLGBTQ＋

ポート源の情報発信機関として National Improvement Hub をウェブ・サイトに設立している。

Ⅳ LGBTQ＋に関連する学校内外でのいじめ

UNESCO（国連教育科学文化機関）(2012) は，SOGIE に関連したいじめが他のいじめと異なる点を重要視し，37カ国の実態報告をしている。アジアでは，フィリピン，モンゴリア，ラオス，中国，バングラディシュの5カ国が対象となっているが，日本は含まれていない。LGBTQ＋に関連するいじめは，生徒のセクシュアリティが多くの生徒とは異なるとみられたり，性同一性や性表現行動が割りつけられた性とは一致していないととらえられた場合に受けやすく，これらの状態には，同性愛嫌悪やトランス嫌悪，両性愛嫌悪（バイフォビア）が影響をおよぼしており，ホモフォビックいじめ（homophobic bullying），トランスフォビックいじめ（transphobic bullying），バイフォビアいじめ（bisexual-phobic bullying）が生じやすいと考えられている（Birkett et al., 2009；Day et al., 2016）。からかいや誹謗中傷，みんなの前で笑いものにする，男子への男性性の欠如（例えば，女々しい，ホモっぽい）に関する発言，噂，脅し，突いたり叩く，所有物を盗ったり壊す，クラスや校内での孤立化やネット上の攻撃，身体的・性的暴力，死の脅迫など，多様な形が含まれ，欠席の増加，中途退学，成績不良や低下などにつながり，LGBT の生徒の欠席は3倍以上であることも示されている（GLSEN, 2009）。虐待が，直接的被害者だけでなくその周囲の人たちにも影響を与えるように，いじめも，LGBTQ＋の児童生徒だけでなく，それ以外の児童生徒にも影響を及ぼすことも示されている。児童生徒にとって主要な生活の場で，人として成長し学ぶ環境である学校を安全で安心できる場所にすることが，世界全体で緊急に対応すべきことの1つと位置づけられる。

Ⅴ おわりに

LGBTQ＋に関する教育機関の対応は，国の政策方針の影響を受けている。

グローバル化が拡大している日々の生活で，多様性への理解と共生は不可避なことで，1人ひとりの児童生徒が自分らしく能力を高め発揮できる，安全で不安が高まらない物的・人的環境の整備に関する課題は大きい。

課題の1点目として，海外と国内のいじめや欠席，自傷行為のデータを比較するには，調査対象や質問内容，教育体制が異なるため慎重を要するが，国内では日高（2018）が2016年に実施した10〜94歳（平均年齢33.2歳）の15,064名のLGBTQ＋を対象にしたいじめの経験，不登校，自傷行為に関するインターネット調査結果が最新のものになる。国内で言語的いじめ被害経験のある割合が63.8％であったのに対し，カナダでは55〜74％，アメリカでは70.1％。教員がいじめ被害に対し「役立った」のは，国内では13.6％で，アメリカでは「何もしてくれなかった，あるいは無視された」割合が60.4％となっている。国内が著しく低い，あるいは高い状態とはいえず，各国同様の課題をもつことが示唆される。これは，2点目の課題，先駆的な国でもポジティブな変化は容易ではないことにつながる。GLSENの2007〜2017年の10年間の実態調査結果では，協力対象数が4倍になっており，LGBTQ＋に対する関心の高まりがうかがえる。身体的いじめやネットいじめの減少はみられているが，性別に基づく二極化した発言やLGBTQ＋に対する嫌悪的表現を聞くこと，そして教員のネガティブな発言や求めるような対応をしてくれない実態は，国内での対応への示唆が得られる。カナダのオンタリオ州の教科書が1998年度に戻ったことは，多様性に関し教育機関と保護者および地域が連携してマイノリティに位置づけされるLGBTQ＋だけでなく，シスジェンダーとの統合と共存への追求という課題が示されている。

3点目は，多様性のある社会での人権擁護を半世紀以上取り組み続けている多くの国々でも，LGBTQ＋に対する対応には国や州レベルでの立法化を必要としていることである。カリフォルニア州で必修教育内容として義務づけされるとともに，スコットランドの養育義務をもつ親が児童生徒の教育に深く関与することが義務化され，児童生徒への直接的な教育実践はもとより，関わる周囲の人々や地域レベルでの対応が必須とされている。

教育実践にはその効果を検証する研究が不可欠であるが，カリフォルニア大学ロサンゼルス校（UCLA）には，LGBTQ研究コースが1997年に学術プ

ログラムとしてスタートして20年あまりが経過している。さらに，ジェンダーやセクシュアリティ，フェミニズムなどの研究領域ではなく，LGBTQ＋を専門領域として，国内初の博士課程がオープンする。これは，LGBTQ＋に関するいじめがそれ以外のいじめとは異なる状態であることや，人種や障害などの個人のアイデンティティを構成する要因であることを重要視したもので，国内でも本分野に特化した研究および実践の発展に参考になるだろう。

文　献

Banks, J. A. (2001) Approaches to multicultural curriculum reform. In Banks, J. A., & McGee Banks C. A. (Eds.). *Multicultural education : Issues and perspective, 4th ed.* New York : John Wiley & Sons, pp. 225–246.

Birkett, M., Espeiage, D. L., Koenig, B. (2009) LGB and questioning students in schools : The moderating effects of homophobic bullying and school climate on negative outcomes. *Journal of Youth and Adolescence*, **38**, 989–1000.

British Broadcasting Corporation (BBC) (2018) Canada province cancels new sex-ed curriculum after protests. https : // www.bbc.com / news / world-us-canada-44812833 (2018年10月 9 日取得)

California Department of Education (2018) Comprehensive sexual health and HIV/ AIDS instruction. https://www.cde.ca.gov/ls/he/se/ (2018年 9 月20日取得)

Çavaria (2012) National report on homophobic attitudes and stereotypes among young people in Belgium (←). NISO Project, Rome.

Day, J. K., Snapp, S. D., Russell, S. T. (2016) Supportive, not punitive, practices reduce homophobic bullying and improve school connectedness. *Psychology of Sexual Orientation and Gender Diversity*, **3**, 416–425.

Dankmeijer, P. (Ed.) (2011) GALE toolkit working with schools 1. 0. : Tools for school consultants, principals, teachers, students and parents to integrate adequate attention of lesbian, gay, bisexual and transgender topics in curricula and school policies. Amsterdam : GALE The Global Alliance for LGBT Education. https : // www. gale.info/doc/gale-products/GALE-Toolkit-Schools-2011-EN.pdf (2018年 6 月12日取得).

Dankmeijer, P. (2017) GALE European report 2017 on the implementation of the right to education for students who are disadvantaged because of their expression of sexual preference or gendered identity. Amsterdam : GALE.

Dijkstra, A., Dronkers, J., Karsten, S. (2004) Private schools as public provision for education : School choice and market forces in the Netherlands. In P. J. Wolf & S. Macedo (Eds.). *Educating citizens : International perspectives on civic values and school choice.* Washington, DC. : Brookings Institute Press, pp. 67–90, 67–90.

Gates, G. J. (2015) Marriage and family : LGBT individuals and same-sex couples. *The Future of Children*, **25**(2), 67–87.

GLSEN (2009) National school climate survey : The experiences of lesbian, gay, bisexual and transgender youth in our nation's schools. New York : GLSEN.

第7章 海外の学校における LGBTQ＋への対応 125

Haas, A. P., Eliason, M., Mays, V. M., et al. (2010) Suicide and suicide risk in lesbian, gay, bisexual, and transgender populations: Review and recommendations. *Journal of Homosexuality*, **58**, 10–50.

The Harris Poll (2018) Accelerating acceptance 2018, Executive summary: A survey of American acceptance and attitudes toward LGBTQ Americans. New York: GLAAD. https://www.glaad.org/files/aa/Accelerating%20Acceptance%202018.pdf（2018年10月1日取得）

日高庸晴（2018）LGBTs のいじめ被害・不登校・自傷行為の経験率 全国インターネット調査結果から. 現代性教育研究ジャーナル, 89, 1-7.

Hoffman, M., & Asquith, R. (illustrator)（2010）*The great big book of families*. New York: Dial Books.（杉本詠美訳［2018］いろいろ いろんなかぞくの本. 少年写真新聞社）

Jackson, R. (2017) LGBT lessons to stop bullying should be compulsory, say Sottish group. The Scotsman, December 7. https://www.scotsman.com/news/lgbt-lessons-to-stop-bullying-should-be-compulsory-say-scottish-group-1-4633067（2018年10月10日 取得）.

Jarvie, J. (Ed.) (2015) Teachers hopes Southeast's first LGBT school will be a haven. Los Angeles Times, March 23. http://www.latimes.com/nation/la-na-gay-school-20150323-story.html（2017年12月1日）.

Kosciw, J. G., Diaz, E. M., Greytak, E. A. (2008) The 2007 national school climate survey: The experiences of lesbian, gay, bisexual and transgender youth in our nation's schools. New York: GLSEN.

Kosciw, J. G., et al. (2010) The 2009 national school climate survey: The experiences of lesbian, gay, bisexual and transgender youth in our nation's schools. New York: GLSEN.

Kosciw, J. G., et al. (2012) The 2011 national school climate survey: The experiences of lesbian, gay, bisexual and transgender youth in our nation's schools. New York: GLSEN.

Kosciw, J. G., et al (2014) The 2013 national school climate survey: The experiences of lesbian, gay, bisexual and transgender youth in our nation's schools. New York: GLSEN.

Kosciw, J. G., et, al. (2016) The 2015 national school climate survey: The experiences of lesbian, gay, bisexual and transgender and queer youth in our nation's schools. New York: GLSEN.

Kosciw, J. G., et al. (2018) The 2017 national school climate survey: The experiences of lesbian, gay, bisexual and transgender and queer youth in our nation's schools. New York: GLSEN.

Los Angeles Unified School District (2017) LGBT history month calendar. https://achieve.lausd.net/Page/13797#spn-content（2017年12月12日取得）

Moorhead, L. (2018) LGBTQ＋ visibility in the K-12 curriculum. *Phi Delta Kappan* **100**(2), 22–26.

Richardson, J., Parnell, P., Cole, H. (2005) *And tango makes three*. New York: Simon & Schuster Books for Young Readers.（尾辻かな子・前田和男訳［2008］タンタンタンゴはパパふたり. ポット出版）

リヒテルズ（Richters）直子（2016）オランダの性教育——自由意思と他者の尊重に基づ

126 第Ⅰ部 教育現場とLGBTQ＋

く市民社会を目指した性教育の姿. 現代性教育研究ジャーナル, **67**, 1-6.

Ryan, C. D., et al. (2009) Family rejection as a predictor of negative health outcomes in White and Latino lesbian, gay, and bisexual young adults. Pediatrics, 123, 346-352.

佐野信子・藤山　新・井谷聡子（2017）多様化社会において個性に応じた保健体育授業を可能とする政策立案に向けた基礎的研究——カナダ・オンタリオ州2015年改訂版保健体育カリキュラムの理念から，インクルーシブな保健体育の示唆を得る. 立教大学コミュニティ福祉学部紀要, **19**, 87-96.

Steinmetz, K. (2017) California is adopting LGBT-inclusive history textbooks. It's the Latest Chapter in a Centuries-Long Fight. Time, November 14. http://time.com/5022698/california-history-lgbt-textbooks-curriculum/（2018年4月5日取得）

Stonewall (2018) Tackling homophobic, biphobic and transphobic bullying & language: Secondary school courses. https://www.stonewall.org.uk/get-involved/get-involved-education/secondary-schools/tackling-homophobic-biphobic-and-transphobic（2018年9月28日取得）

Stonewall Scotland (Bridger, S., et al.) (2017) School report Scotland: The experiences of lesbian, gay, bi and trans young people in Scotland's schools in 2017. Author. https://www.stonewallscotland.org.uk/sites/default/files/school_report_scotland_2017_0.pdf（2018年9月18日取得）

Taylor, C., Peter, T., McMinn, T. L., et al. (2011) *Every class in every school: The first national climate survey on homophobia, biphobia, and transphobia in Canadian schools. Final report.* Toronto: Egale Canada Human Rights Trust.

Snively, C. A. (2004) Gay-straight alliances. Encyclopedia, glbtq. com http://www.glbtqarchive.com/ssh/gay_straight_alliances_S.pdf（2018年10月28日取得）

Temple, J. R. (2005) "People who are different from you": Heterosexism in Quebec high school textbooks. *Canadian Journal of Education*, **28**, 271-294.

Time for Inclusive Education (TIE) (2016) Attitudes toward LGBT in Scottish education. https://docs.wixstatic.com/ugd/e904fd_193eea01f12649f9a50edc73a318b9d3.pdf（2018年9月11日取得）

Travers, R., et al. (2012) Every class in every school: The first national climate survey on homophobia, biphobia, and transphobia in Canadian schools. Final report. Trans Pulse http://transpulseproject.ca/wp-content/uploads/2012/10/Impacts-of-Strong-Parental-Support-for-Trans-Youth-vFINAL.pdf（2016年5月7日取得）

UNESCO (2012) Education sector responses to homophobic bullying. http://unesdoc.unesco.org/images/0021/002164/216493e.pdf（2018年9月22日取得）.

University of Iowa (2016) 撮影 Tom Jorgensen https://now.uiowa.edu/2016/11/lgbtq-celebrating-points-of-pride

Vecellio, S. (2012) Enacting FAIR education: Approaches to integrating LGBT content in the K-12 curriculum. *Multicultural Perspectives*, **14**(3), 169-174.

第Ⅱ部

発達段階に応じた対応と授業

第**8**章

小学校におけるLGBTQ+への対応と授業
——「自分らしさ」を認め合う仲間づくり

板東郁美

Ⅰ　はじめに

　小学校の休み時間。男子児童2人が楽しそうにハグしたり手をつないだりして遊んでいる。「男の子同士で何してるの。やめときなさい」担任だった筆者はその光景を見て，声をかけた。その時の自分の発言を反省し，知識不足を実感したのは，社会的少数者のいじめをテーマとした講演会の場であった。LGBTQ+の児童生徒が受けたいじめやからかいの状況，児童生徒を傷つける教師の不用意な発言があることを知り，筆者を含めて学校現場はこのままではいけないと強く焦りを感じたことを覚えている。

　小学校1年生から6年生までの異なる発達段階の中で，共通して大切にしなくてはならないのは「違いを認める」基盤づくりだと考える。大人も子どもも同様に，知らないということは，他への偏見や差別を生む。違いがあって当たり前であること，「自分らしく生きる」ことの大切さを児童にどう伝えるか，そのために教師は何を学び，どのような授業を行うかということを中心に述べたい。

Ⅱ　教師の意識を変える

1．LGBTQ+の児童が教室に「いる」ということ

　中塚（2017）によると，性同一性障害（性別違和）当事者1,167名のうち，約6割が小学校に入学するまでに，約8割が中学校入学までに性別違和感を

130 第Ⅱ部 発達段階に応じた対応と授業

自覚している。博報堂DYホールディングス株式会社LGBT総合研究所
(2016) の報告では，LGBTQ＋に該当する人は8％であり，35人の学級では
該当する児童が2〜3人いることになる。日高 (2016) は「LGBT当事者の
意識調査」(調査対象15,064人) において，LGBTQ＋のいじめ被害体験は6
割であるのに対し，学校教育における同性愛についての知識は7割近くが「一
切習っていない」と回答し，「異常なものとして習った」「否定的な情報を得
た」があわせて25.9％という結果であったことを示している。これらの実態
から，小学校の教師は，教室にLGBTQ＋の児童が「いる」のだという認識
をもち，取り組んでいく必要があると考える。

　文部科学省が通知した「性同一性障害や性的指向・性自認に係る，児童生
徒に対するきめ細やかな対応等の実施について (教職員向け)」(2016) には，
学校内の性同一性障害 (性別違和) の児童生徒への支援方法が示されている。
学校内で，当事者の児童生徒がいると気づいたり，本人や保護者から相談が
あった場合に，参考にしたい項目が並ぶ。では，それよりも以前に，教室に
約8％のLGBTQ＋の児童が「いる」ことを前提に考え，小学校で取り組ん
でおくことは何か考えたい。

2．小学校での「男女の当たり前」を見直す

　筆者がかつて勤務していた小学校の入学式や卒業式では，担任による児童
の呼び名は，「以上男子〇名，女子〇名，計〇名」という言葉で締めくくっ
ていた。マイクを通して体育館中に響いていたこの言葉は何のためだったの
だろうか。指導案で在籍児童数が男女別に書かれているものも目にする。こ
のように，小学校の中で男女別になっていることや教師自身の中にある意識
を一度見直してみてはどうだろう。LGBTQ＋の児童を小学校でサポートす
るために，校内研修でまずこのようなグループワークをしてみるのもよいと
考える (図8-1)。

　あげられたことが正しいか間違っているか，必要か不要かを決めるための
グループワークではない。意見を交流することで，「私は当たり前のように
そうしていたけれど，他の先生は違っている」という項目も出てくるだろう。
小学校で当たり前のように男女別にしていることを見直すことは，教員が性

図8-1 小学校の中で，当たり前になっている男女別を探してみる

の多様性を考えるスタートになる。そして，性の多様性についてのアンテナをもつことで，「この男女別に違和感を感じている児童がいるかもしれない。他の方法はないだろうか」という視点が教員の中に生まれてくる。

専門家や当事者を招いての研修も大変効果的である。研修後には「学校の当たり前の環境が当事者にとってどのような環境であるか見直す機会になった」，「小学校からの担任の姿勢が児童に影響すると思う」という感想が多数聞かれ，正しい知識が正しい児童理解につながることを感じる。

男子は黒，女子は赤というのが当たり前だったランドセルも，現在はカラフルになってきている。「ずっとそうだから今年もそうする」のではなく，児童が自分らしく学校生活を送るために，話し合い，よりよい新しい方法を考える組織でありたい。

Ⅲ 学級経営の中で児童をサポートする

小学校では，担任が児童と教室で過ごす時間が大変長い。教室での一斉学

132　第Ⅱ部　発達段階に応じた対応と授業

児童に求めること　　➡　教師の自分はできている？

児童に求めること	教師の自分はできている？
● 人の気持ちを考えなさい。 ● 人の話をよく聞きなさい。 ● 友達のよいところをみつけましょう。 ● 個性を大切にしていきましょう。 ● 困っている人は助けましょう。 **私たちは毎日のように** **児童に声をかけていますが……**	● 児童の気持ちを想像できている？ ● 児童の話をよく聞いている？ ● 児童のよさをみつけている？ ● 児童の個性を認めている？ ● 児童の困りに気づき，助けている？ **教室にいる LGBTQ＋の児童に** **対してもその視点がありますか？**

図8-2　教師自身の人権意識をチェックする

習や学校行事等初めて体験することが多く，その中で教師が発する一言が児童の物事のとらえ方に影響を与えるということを忘れてはならない。森田(2010) は「教師が特定の子どもを笑いものにしたり，貶めることが，いじめの糸口となったり，いじめている子どもたちに正当性を与えることは，しばしば見られる」ことを指摘し，子どもたちが自分たちの世界の外にある資源を取り込んで，いじめを行うことに注意しなくてはならないと述べている。児童に影響を与える担任が，LGBTQ＋の児童をサポートする上で，特に意識しておきたいのは次の2点であると考える。

1．人権意識を自分に問い続けること

　児童の人権意識を高め，差別をなくす実践力を身につけることは，どの学校においても共通の課題だろう。「思いやりのある子どもに育ってほしい」，「友達を助ける力を育てたい」。そんな願いをもって，教師は毎日子どもに多くの言葉をかけている。その願いや言葉は図8-2のように，同時に教師が自分の人権意識をチェックする項目となる。

　児童は，教師が自分を理解してくれる大人であるかどうかを見ている。求めるばかりで教師の実践が伴わない教室には，児童は居場所を見つけることはできない。「今まで出会った子どもたちの中に，もしかしたらLGBTQ＋だったのではと思う児童生徒がいる」と語る教師がいる一方で，「今までそ

んな児童生徒に出会ったことはない。本当にクラスに2〜3人もいるのか(本当にそんな教育が必要なのか)」という質問を筆者は受けたことがある。「出会ったことがない」のではなく，児童生徒が教師に伝えられる環境になかったのではないかと考えることもできる。

2．いじめの防止

日高（2016）によると，セクシュアル・マイノリティの児童生徒の約6割が学校生活（小・中・高校）において，いじめを経験している。それに対し，先生がいじめの解決に役立ったのは13.6%であることも示している。

言語環境を整えていくことは大切である。「ホモ」「オカマ」「オネエ」「キモい」そんな言葉に対し，「その言葉は間違いです。使ってはいけません」と注意をした時に，「なんで使ってはいけないの。テレビでも言ってるよ」と児童に問われることがある。「その言葉で傷ついたり嫌な気持ちになったりする人がいるから，先生は使わない。みんなも使わないでほしい」とはっきり伝え，それを実行することが児童にとって一番のモデルになる。

それと同時に必要なのは，LGBTQ＋の児童が特別な存在ではなく，シスジェンダーの児童と同様に当たり前の存在であるという教育である。南（2018）は「LGBTのことを学校教育で取り扱わないことは，『社会の当たり前』で『普通の人』の枠内に収まる子どもたちから，自分以外の存在を知る機会を奪う。それだけではない。『社会の当たり前』や『普通の人』の枠に収まらない，LGBTの当事者となりうる子どもたちからも，自分のことを知る機会も奪う」と述べている。

いじめは許されないことである。いじめを未然に防ぐことは教師の仕事である。そして，当事者の児童がいつまでもマイノリティの存在として，いじめの被害者とならないように，また正しい知識をもたないためにシスジェンダーの児童がいじめの加害者とならないようにすることもまた，学校教育における教師の仕事である。

Ⅳ　授業で考える多様性──学習指導例

　さまざまな人権課題の中で，LGBTQ＋の児童についても，その1つとして取り上げられるようになってきた。しかし，いざ授業で教えるとなると，「いつ，何をどのように教えたらよいのかわからない」「教科書もないし，自分には知識が不十分だから教えられない」と，他の人権課題より後回しにしてしまうことはないだろうか。もちろん教材研究は必要であるが，まずは「LGBTQ＋の児童がこの教室にいるかもしれない」と考え，さまざまな教科や行事で，教師が性の多様性に「触れる」ことが最も大切であると考える。

　各教科の学習に関連づけながら，人権学習の展開を紹介する。系統立てて取り組むために，1年から6年までの学習展開を示す。資料には性の多様性やLGBTQ＋について扱っていないものもあるが，その背景にある教師の思いをねらいに反映させることで，さまざまな記事，絵本等が教材として生かされる。章末に資料として使用する絵本の一覧を掲載した。

1．学習指導事例（第1学年）

（1）主題：自分らしさを大切に

（2）主題設定の理由：

　学校生活の中で，新しいことをどんどん吸収していくのが第1学年である。集団生活の決まりを守り，みんなと一緒に過ごすことの大切さとともに，1人ひとりは違ってもよい，違っていて当たり前であるということに気づかせたい。読み聞かせの時間やさまざまな色の美しさを学ぶ図工科の学習とも関連させたい。

（3）資料名：『わたしはあかねこ』

（4）ねらい：自分らしさを大切にしていこうとする態度を育てる。

（5）展開：

第8章　小学校におけるLGBTQ＋への対応と授業　135

学習活動	指導上の留意点
1．絵本の表紙を見せ，あかねこについて思ったことを発表する。 2．資料を読み，あかねこはどうして旅に出たのかを考える。	1．児童のイメージを大切にする。 2．あかねこを自分たちと同じ色にしようとする家族の気持ちと，自分は自分のままでいいと思っているあかねこの気持ちを対比させながら考えるようにする。
3．あおねこと仲良くなれたわけを考える。	3．あおねこが「きみのあかいけなみ，とってもきれいだね」と言ってくれた時，あかねこはどう思ったのか考えさせる。
4．好きな色でねこの体の色を塗り，黒板に掲示する。	4．感想を発表し合い，いろいろな色があるからこそよいということに気づかせる。

＊あわせて読みたい本：『ぼくだけのこと』『ピンクになっちゃった』

2．学習指導事例（第2学年）

（1）主題：「すき」ってすてき！

（2）主題設定の理由：

　学校生活に慣れてきた2学年では友達との交流も増える。男女にかかわらず，「すき」だと思える気持ちが素晴らしいことを理解させ，同性の友達が気になると思っている児童を支えていきたい。「友達のよいところさがし」の学習と合わせて考えることもできる。

（3）資料名：『すき！　I like it！』

（4）ねらい：「すき」という気持ちは人と人をつなぐ素敵な感情であることに気づき，気持ちを伝え合って，自分も友達も大切にしていこうとする態度を育てる。

（5）展開：

136　第Ⅱ部　発達段階に応じた対応と授業

学習活動	学習活動
1．自分の好きなものを発表する。	1．進級時に書いた自己紹介カードを活用し，好きな食べ物，動物，色等を発表させる。
2．資料を読み，自分の好きな人について話し合う。	2．家族，友達，教職員等具体的に例を示しながら，児童を取り巻くさまざまな人について発表できるようにする。 ・エイセクシュアルの児童に配慮し，恋愛感情だけではないさまざまな「好き」に言及する。
3．教師や友達と好きなところを伝え合い，「すき」と言われた感想を発表する。	3．短い手紙にして渡す，資料を生かして英語で伝える等実態に合わせて，児童が気持ちを表現しやすい方法を工夫する。
4．これからの生活について考え，本時のまとめをする。	4．「すき」という気持ちは相手の性別や年齢に関係なく，人と人をつなぐ気持ちであることに気づかせ，自他を大切にしていこうとする意欲を高める。

＊あわせて読みたい本：『ええところ』『あなたが大好き』

3．学習指導案例（第3学年）

（1）主題：本当の友達

（2）主題設定の理由：

　中学年に入ると，グループで活発に遊ぶことが増える。関わりが増え成長が見られる反面，些細なことで仲間外しにしたり，外見等表面的なことで友達を傷つけたりすることも見られる。本当の友達とは何か，何を大切に友達と関わるのかを考えさせたい。

（3）資料名：『くまのトーマスは女の子』

第8章　小学校におけるLGBTQ＋への対応と授業　137

（4）ねらい：性別にかかわらず，友達の気持ちを考え，その願いを大切にしていこうとする態度を育てる。

（5）展開：

学習活動	指導上の留意点
1．資料を読み，くまのトーマスが元気をなくしている理由を考える。	1．真実を打ち受けることで友達を失うことになるのではないかというトーマスの不安に着目して考えさせる。
2．トーマスに，「本当は女の子のくまだ」と言われた時のエロールの言動について考える。	2．エロールはなぜ「ぼくは気にしないよ」と言ったのか考えさせる。
3．自分がもしエロールだったらどうしていたか考え，発表する。	3．「友達にはなれない」という意見も否定せずに受け止め，どうしてそう思ったのか考え，どうすることがトーマスのためになるかを話し合わせる。
4．本時のまとめをする。	4．性別にかかわらず，友達の気持ちや願いを大切にしていこうとする意欲を高める。

＊あわせて読みたい本：『レッド　あかくてあおいクレヨンのはなし』『ともだち』

4．学習指導事例（第4学年）

（1）主題：男の子だから？　女の子だから？

（2）主題設定の理由：

4学年では，二次性徴について学習する。保健の教科書には体の変化や異性への関心の芽生えがその特徴として書かれている。性指向は異性に対してのみ向けられるものではないことを押さえておきたい。そして，二次性徴の学習とともに，本授業を通して，「男だから，女だから」という概念で自分や周りの人を見るのではなく，自分らしく生きることの尊さを考えさせたい。

（3）資料名：『おんなのこだから』

138　第Ⅱ部　発達段階に応じた対応と授業

（4）ねらい：性別にとらわれずに生活したり，周りの人に接したりすることができるようにする。

（5）展開：

学習活動	指導上の留意点
1．『おんなのこだから』を読み，感想や経験について発表する。	1．「男の子は泣くな」「女の子は乱暴な言葉を使わない」等具体的な例を示す。
2．家事や仕事の例を出し，男女どちらがするか考えさせる。	2．掃除や赤ちゃんの世話，社長や運転手など児童がイメージしやすい例から，児童の意見を板書に整理する。
3．バスの運転手さんはどんな気持ちで運転しているのか，家族はどんな気持ちで赤ちゃんを育てているのかワークシートに書き，発表し合う。	3．「安全に気をつけたい」「元気に育ってほしい」という願いは性別には関係がなく，どちらがその仕事をしてもよいことに気づかせる。
4．学級の生活を振り返る。	4．性別にとらわれずに，自分らしさを大切に生活していこうとする意欲を高める。

＊あわせて読みたい本：『こんなのへんかな？』

5．学習指導事例（第5学年）

（1）主題：いろいろな家族

（2）主題設定の理由：

　第5学年では家庭科の学習が始まり，家族や家庭生活について学ぶ。本時の学習を通して，自分の家族以外にもさまざまな家族の形があること，家族が果たす役割もさまざまであることに気づかせたい。自分にとって家族がどのような存在であるかを考え，家族の一員として役割を果たしていこうとする態度を育てたい。

（3）資料名：『いろいろいろんな家族の本』

（4）ねらい：家族には多様なあり方があることを知り，どのような家族

第8章　小学校におけるLGBTQ＋への対応と授業　139

のあり方も認め，家族を大切にしていこうとする意欲を高める。

（5）展開：

学習活動	指導上の留意点
1．家族で過ごしていて，ほっとすることや楽しいことはどんなことか発表する。	1．旅行等の家族のイベント以外にも，日常生活の中でほっとする場面などを想起させる。
2．資料を読み，感想を発表する。	2．自分の家族と共通するところ，違っているところに目を向けて発表させる。
3．「家族のかたち」の挿絵から，さまざまな家族の形があることを知るとともに，家族が自分にしてくれていることについて話し合う。	3．祖父母と暮らす家族，同性婚の家族，2人だけの家族等さまざまな挿絵を示し，人数や性別に関係なく，大切な家族であるということを考えさせる。児童の家庭環境に配慮するとともに，保護者に学習について伝えておく。
4．家族の中で自分ができることについて発表し合う。	4．自分の家族を大切にしていこうとする意欲を高める。

＊あわせて読みたい本：『タンタンタンゴはパパふたり』

6．学習指導事例（第6学年）

（1）主題：考えよう自分の性のこと

（2）主題設定の理由：

思春期を迎えた6学年の児童の中には，友達と好きな人の話をしたり，「告白された」とうれしそうに秘密を打ち明けたりする姿が見られる。個人差はあるが，性への関心が高まるこの時期に，性に関する4つの要素について正しく知り，自分の性に目を向けるきっかけをつくりたい。

（3）参考資料名：『セクシュアルマイノリティってなに？』

（4）ねらい：体の性，心の性，好きになる性，表現する性の4つの要素について知り，自分らしさを大切にしていこうとする態度を育てる。

140　第Ⅱ部　発達段階に応じた対応と授業

（5）展開：

学習活動	指導上の留意点
1．1年生の自分と今の自分を比べて成長したところを話し合う。 2．性の4つの要素について知る。 　・指定された性と体の発達はさまざま 　・心の性 　・好きになる性 　・表現する性	1．1年生の頃の写真等を用意し，体の成長，心の成長について意見を発表させる。 2．性は体だけでは分けられないこと，人によって異なり多様であること，今決めなくてもよいこと，思春期は「自分らしさを」見つけていく時期であることについて説明する。自分の性について発表させたり書かせたりしないように留意する。 　・DSDs（性分化疾患）の児童がいるかもしれないということを常に念頭に置き配慮する。
3．持ち物や態度でからかわれた友達の例について考える。 　例：Aさんの体の性は男。女子と遊ぶのが好きで，アイドルの話をよくしている。友達から「オカマ」とからかわれ，泣きたくなった。 4．学習のまとめをする。	3．「オカマ」という言葉がどれだけA君を傷つけたかについて考えさせる。表面的なことで相手のことを決めつけたり，あだ名を言ってからかったりすることの誤りについて気づかせる。 4．中学生になって多くの友達と出会った時に，自分の性も相手の性も大切にしようとする意欲をもたせる。

＊あわせて読みたい本：『王さまと王さま』『LGBT ってなんだろう？　からだの性・こころの性・好きになる性』『ジョージと秘密のメリッサ』

第8章 小学校におけるLGBTQ+への対応と授業 141

図8-3　保健室の図書コーナー

V　多様性を組織で支える

1．相談しやすい場所をつくる

　校内にいつでも相談できる場所があること，相談できる相手がいることはLGBTQ+の児童の支えとなる。組織でLGBTQ+の児童をサポートしていく時に，保健室と養護教諭の果たす役割は大きい。

　登校してから下校するまでに保健室を訪れる児童は実に多い。担任には言えない体や心のこと，友達との関係の悩みを養護教諭につぶやくこともある。保健室に，多様な性に関する図書を置いたり，掲示をしたりすることで，「ここは相談できる場所」「一緒に考えるよ」というサインを示すことができる。養護教諭と担任，さらに教育相談コーディネーター，スクールカウンセラー等が中心となって，このような環境づくりをしていきたい。図8-3は筆者の学校の保健室の一角である。病気の予防や体の仕組みの本と同じ棚に，性の多様性の理解につながる本を置き，児童が手に取りやすい環境づくりを心がけている。壁面にはカラフルな旗を飾り，「なぜこんな旗があるの」と児童に聞かれた時には，「みんなの個性もいろいろあって当たり前という気持ちで先生は飾っているのよ」と答えるようにしている。

　性のことで悩んでいると教師が気づいても，児童自身，そしてその保護者

のニーズはさまざまである。全員がカミングアウトを望んでいるとは限らない。まずは，学校の中で安心できる相談場所を増やすことを心がけたい。

2．管理職の理解とリーダーシップ

研修を受けた教員が「本校でも LGBTQ＋の児童のために環境づくりや授業研究をしましょう」と同僚に呼びかけても，すぐに組織で一致団結して取り組むということにはならないだろう。「そんな児童がいるんだ」と他人ごとで終わらせないために，後ろ盾となるのは管理職の理解とリーダーシップである。児童が自分らしく学校生活を送れるように願う教職員の声を聞き，応援してほしい。校内研修の場の設定，講師の招聘，利用できる制度の情報収集や予算の捻出，専門家との連携，環境づくりや指導案づくりといった相談に乗る管理職の姿勢は大きな支えとなる。すべての児童が幸せに生きていくためには，小学校で今何をするべきかという学校経営のビジョンに，LGBTQ＋の児童をサポートする視点を取り入れることが必要だと考える。

Ⅵ　おわりに

性の多様性の学習を積み重ねていく中で，違いを認めることができるようになった児童は，「同じ部分」にも目が向くようになる。「体の性や心の性が違っていても，人を好きになるっていう気持ちは同じなのかなあ」「自分らしく幸せに生きたいっていうところは同じなんじゃないかな」そう思えるようになった時，子どもたちは，その「同じ部分」である人権を守り，願いを実現するために何が必要なのか，自分に何ができるのかを考え始める。それは相手を尊重するとともに自分も大切にすることである。違いを認めるとともに，誰もが自分らしく生きるという共通の願いを大切にしていける学校づくりに，今後も取り組んでいきたい。

文　献

博報堂 DY ホールディングス株式会社 LGBT 総合研究所（2016）LGBT をはじめとするセクシュアルマイノリティの意識調査．https://www.hakuhodody-holdings.co.jp/news

/pdf/HDYnews20160601.pdf.（2018年10月28日取得）

日高庸晴（2016）LGBT 当事者の意識調査——いじめ問題と職場環境等の課題．http://www.health-issue.jp/reach_online2016_report.pdf（2018年10月28日取得）

南　和行（2018）LGBT——多様な性を誰も教えてくれない．（木村草太編）子どもの人権を守るために．晶文社，pp. 289-304.

文部科学省（2016）性同一性障害や性的指向・性自認に係る，児童生徒に対するきめ細やかな対応等の実施について（教職員向け）．http://www.mext.go.jp/b_menu/houdou/28/04/__icsFiles/afieldfile/2016/04/01/1369211_01.pdf（2018年　月　日取得）

森田洋司（2010）いじめとは何か．中央公論新社．

中塚幹也（2017）封じ込められた子ども，その心を聴く——性同一性障害の生徒に向き合う．ふくろう出版．

徳島県教育委員会（2018）性の多様性を理解するために——教職員用ハンドブック．

授業で使用した資料

アレックス・ジーノ，島村浩子訳（2016）ジョージと秘密のメリッサ．偕成社．

日高庸晴（2017）セクシュアルマイノリティってなに？　少年写真新聞社．

ほんえすん（2018）すき！　I like it！　教育画劇．

ジェシカ・ウォルト，川村安紗子訳（2016）くまのトーマスはおんなのこ　ジェンダーとゆうじょうについてのやさしいおはなし．ポット出版プラス．

ジャスティン・リチャードソン＆ピーター・パーネル，尾辻かな子・前田和男訳（2008）タンタンタンゴはパパふたり．ポット出版．

くすのきしげのり（2012）ええところ．学研教育出版．

レイフ・クリスチャンソン，二文字理明訳（1999）おんなのこだから．岩崎書店．

リンダ・ハーン，スターン・ナイランド，アンドレア・ゲルマー，眞野豊訳（2015）王さまと王さま．ポット出版．

リン・リカーズ，明橋大二訳（2013）ピンクになっちゃった．1万年堂出版．

メアリ・ホフマン，杉本詠美訳（2018）いろいろいろんなかぞくのえほん．少年写真新聞社．

マイケル・ホール，上田勢子訳（2017）レッドあかくてあおいクレヨンのはなし．子どもの未来社．

森絵都（2003）ぼくだけのこと．理論社．

村瀬幸浩（2001）ジェンダー・フリーの絵本①こんなのへんかな？　大月書店．

サトシン（2011）わたしはあかねこ．文溪堂．

鈴木まもる（2002）あなたがだいすき．ポプラ社．

谷川俊太郎（2002）ともだち．玉川大学出版部．

薬師実芳，他（2014）LGBTってなんだろう？　からだの性・こころの性・好きになる性．合同出版株式会社．

第9章

中学校におけるLGBTQ+への対応と授業
──多様性への扉を開く

丸岡美枝

I　はじめに

　LGBTQ+の人権に関する学習は，その必要性がわかっていてもまだ身近な実践例が少なく，なかなか一歩が踏み出せないという現場の声がある。ここでは，筆者が「初めてだけど，性の多様性と人権を考える授業をしたい」という仲間と共に取り組んだ実践を紹介する。

　性の多様性に関する授業では，誰もが多様な性の当事者であるという視点が不可欠である。そして，すべての生徒が顔を上げて受けられる授業，心が開かれ前へ進む意欲が出てくる授業でなければならない。私たちも，そのような授業を目指し，研修による教員の意識転換・綿密な授業計画・生徒の実態把握と情報交換・専門家や外部団体との連携・他学年への啓発・保護者への周知など，さまざまな方向からアプローチしていった。

II　生徒と教師の実態

1．生徒：断片的な知識と浅い認識からのスタート

　今回の実践は2017年9月から11月にかけて，中学3年生（3学級76人）を対象に18時間の単元学習（図9-1）として行った。この学年の生徒たちは，全体的に寛容で協調性があった。しかし，一部の生徒はたまに人のセクシュアリティをからかうような言葉を言っていた。周囲の生徒は同調こそしなかったが止めるわけでもなかったし，教師の指導も一時的・個別的なもので

第9章　中学校における LGBTQ＋への対応と授業　145

【ねらい】
　多様な性のあり方について理解し，すべての人が自分らしく生きられる社会を実現しようとする意欲と実践力を育てる。

【指導計画】　　　　　　　　＊専門家（鳴門教育大学葛西真記子氏）の協力を得て行った授業

性の多様性
「らしさって何だろう」　　　　　　　　　　（道徳）1時間
「4つの性って何だろう？」　（総合的な学習の時間）2時間
・性のあり方は男女の2つしかないのではなく，人の数だけあることを理解する。

伝え合い高め合おう
● 生活記録（常時）
● スピーチ（常時）
● フォーラム（常時）
● 学級目標
　（学級活動）2時間

・学級や社会の出来事に関心をもち，自分の考えを伝える。
・互いが気持ちよく成長し合える学級には何が必要か考え実践していこうとする意欲を高める。

セクシュアル・マイノリティの願いに気付く＊
講演「自分らしく生きる」　（総合的な学習の時間）3時間
・当事者（FtM）の願いに気づき，自分らしく生きることの大切さについて考える。

セクシュアル・マイノリティ人権問題
VTR「結婚したい人がいます」　　　　　　（道徳）2時間
・セクシュアル・マイノリティの生きづらさの原因は，周囲の無理解や偏見であることに気づき，それをなくしていこうとする意欲を高める。

支援者の方の話を聞こう＊
講演「多様な性ってすばらしい」　（総合的な学習の時間）2時間
・支援者として活動している方の話を聞き，自分たちも多様な性のあり方を認め，関わっていこうとする意識を高める。
・グループ交流に向けて，主体的に交流しようとする態度を育てる。

セクシュアル・マイノリティ支援団体のメンバーと交流しよう＊
グループ交流「虹のかけ橋」　（総合的な学習の時間）4時間
・これまでの学習で疑問に思っていることを支援団体の方にうかがい，人権が尊重されていない現実を実感するとともに，自分の問題として捉えられるようにする。

ありのままで生きることができる社会にするために　　　（道徳）2時間
・セクシュアル・マイノリティの願いを受けとめ，ありのままで生きていくことができる社会を創っていこうとする生き方を目ざす意欲と実践力を育てる。

図9-1　単元学習「性の多様性と人権」

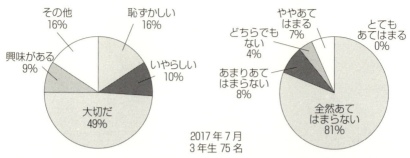

図9-2　性についてどう思いますか？　　図9-3　LGBTQ+の生徒が困るような校則を知っている

あった。そこで，単元学習を始める前に，「性」および性の学習への興味関心と，LGBTQ+への理解や意識を把握するために事前アンケートを行った[注1]。その結果から，性については「恥ずかしい」とか「いやらしい」というネガティブな印象をもつ生徒が多いことがわかった（図9-2）。おそらく，性を生き方や人権とつなげて考える機会が少なかったからだろう。また，LGBTQ+の人権に関しては，多くの生徒が何か問題がありそうだと気づいてはいた。しかし，自分たちの学校生活を左右する校則の中に，LGBTQ+の不自由や不利益があるとは気づいていなかった（図9-3）。つまり，「なんとなく知っているけれど，何か問題があるの？　自分に関係するの？」という程度の浅い認識だったといえる。

2．教師：まず，「当たり前」の枠組みを変えるところから

　筆者が勤める中学校では以前から人権教育に熱心に取り組んできたが，性の多様性と人権をテーマに学年として取り組んだことはなかった。また，LGBTQ+の生徒たちへの支援や対応はその必要性が見て取れた場合だけ個別に行っていたので，決して積極的だったとはいえない。
　そこで，最初に行ったのは教職員の意識の底上げである。専門家[注2]を講師に迎え，全体研修を行った。LGBTQ+の人権について教師として知ってお

注1）鳴門教育大学院生長谷川ゆかりによる「性の多様性への理解と受容に関する調査研究」におけるアンケートと，丸岡の「いのちと性の学習」事前アンケート。
注2）「専門家」は，鳴門教育大学の葛西真記子教授。以下，同。

かなければならない基礎的な知識を学んだ。同じ学校の中で授業をするにあたって，他学年の教師の理解と協力は必須であったし，それが性の多様性に配慮した学校づくりへの第一歩となると考えたからだ。

しかし，授業をする3年生の教師たちは，もっと広く情報を集め知識を得る必要があった。授業を念頭に置くと，すぐにでも使えそうな実践例や指導案に目が行きがちだ。しかし，はじめは研究者や活動家による多様な性のあり方やLGBTQ＋の人権問題についての資料をよく読み込み，課題のありかをつかむことが重要だ。その上で，いわゆる当事者の自叙伝や書簡集などで，1人ひとりの生きる姿の具体と発せられた言葉の意味を読み取り，生きる権利の問題だということを認識しなければならない。なぜなら，性の多様性に向き合うには，これまでの「当たり前」や「普通」の枠組みを変えるところから始まるからだ。

具体的な取り組みを始める前に，「自分は（カミングアウトした）LGBTQ＋の人に直接会ったことがない。講演も聞いたことがない。それで生徒の前に立つ自信がない」という不安をもらす教師がいた。そこで，次のような機会を紹介した。

まず，地元の当事者や支援者の団体（SAG徳島）が主催するイベントで，誰でも参加可能なバーベキュー大会。これに参加した教師は「最初は緊張したけれど，話をするうちにセクシュアリティの違いはどうでもよくなった。楽しかった」と率直に語った。次に"人間と性"教育研究協議会の全国夏期セミナー岡山大会（2017年7月29-31日，於岡山大学津島キャンパス）への参加である。岡山で活動するLGBT当事者のグループ（プラウド岡山）のメンバーから話を聞いたり，性の多様性をテーマにした分科会に参加したりした教師からは，「認識を新たにした」という感想を聞いた。

そして，10月に講演をしてもらうことになった支援団体のメンバーでFTM当事者Mさんとの打合せである。膝を交えて率直に話し合う中で，私たち教師の願いを伝えたりMさんの思いを聞いたりした。打合せが終わる頃には初対面の緊張感はほぐれ，Mさんという心強い協力者が得られたことに感謝し，講演会までに事前学習をしっかりして，Mさんの思いが生徒の胸に届くようにしようと話し合った。

このようにして，教師自身も，正しい知識を得た上で人と出会うことで心の垣根を取り払い，この課題に向き合う姿勢が固まっていった。

3．テーマを決める：誰もが多様な性の当事者であるという視点で

単元のテーマは，どこに軸足を置くかという取り組みの出発点であるだけに入念に検討する必要がある。当初は「個性の尊重——セクシュアル・マイノリティの人権」であったが，「個性」という言葉がカバーする範囲はあまりに広く課題がぼやけてしまう。また，副題からはマジョリティによるマイノリティ理解の授業という印象がぬぐえない。初期の指導案には「寄り添う」という言葉を使っていたが，そこからは「寄り添われる側」としてのマイノリティと「寄り添う側」としてのマジョリティというふうに，分断の構図が透けて見える。目指すのは，誰もがありのままに生きられる社会づくりに主体的に関わる生徒を育てることであり，すべての生徒が顔を上げて受けられる授業でなければならない。そのためには，誰もが多様な性の当事者であり，自分自身の課題であるという視点が不可欠である。そこで，単元のテーマを「多様性への開かれた心——性の多様性と人権」とし，取り組みの方向性として次の点を確認した。

- 性の学習は生き方の学習であるという認識のもと，常に人権の視点をもって取り組むこと。
- 学習内容を精選し，段階を踏まえて正しい理解に導くこと。
- 誰もが多様な性の当事者であるという視点に立ち，マジョリティによるマイノリティの理解にならないようにすること。
- セクシュアリティの違いを超えて人と人との対等な関係が育まれるようにすること。
- 「社会は変えられる」という明るい展望をもったメッセージを発すること。
- 学習中はもとより，学習を終えた後もセクシュアリティによるからかいやいじめが発生しないか生徒の言動に注意を払うこと。

4．学習の見通しを立てる

単元を構想するにあたり，私たちは，「人との出会い」を重視していた。「生徒たちがこれを自分自身の課題としてとらえてほしい。『みんな違ってみんないい』を実感し，自己肯定感を高めてほしい」そして「誰もがありのままに生きられる社会を実現する力をつけてほしい」という願いが，私たちにはあった。そのために，まず，生徒たちがカミングアウトした「当事者」や支援者から直接話を聞き，その思いに耳を傾けることでこの課題に正面から向き合えると考えた。今回の実践にあたり専門家からは，大学と連携したさまざまな協力を得ることになった（図9-1）。

Ⅲ　授業における具体的な取り組み

1．性別二元論に立ったものの見方に揺さぶりをかける授業

まずはじめに，「女らしさ・男らしさ」を問い直し，性別二元論に立ったものの見方に揺さぶりをかけることで多様な性を受け入れる素地をつくる授業「らしさって何だろう？」を行った。A組は，「料理が上手」「決断力がある」「細かいところに気がつく」など，性別によって偏りがちな言葉を分類することで気づきを得る授業，B組では，歌詞（丸岡自作のJポップ風の詩）を題材に，それを受け取る側の固定観念に気づかせる授業，C組は，普段の生活の中で生じている性別による不利・有利をあげて考えさせる授業であった。

生徒の感想

自分も，結構「男らしさ」や「女らしさ」を意識していることがわかった。「女だから料理や家事をしろ」とよく言われるので，これをすることが女性の役割だと認識していた。他の人も「男らしさや女らしさに縛られて自由に生活できない」と言っていたので，女だから男だからと区別しないで生活することが大事だと思った。このようなことを皆が理解することで，固定的イメージを崩し，セクシュアル・マイノリティの人も生活しやすい社会にしていけたらよい。そのためにどんなことをすべきかを考えていきたい。

2．「性」は人権というスタンスを打ち出す授業

次の授業，「４つの性ってなんだろう」は，２時間の学年学習であった。１時間目は，命の発生や性の分化についての基礎的な内容と性をとらえる３つの側面（命をつなぐ性・生きるエネルギーとしての性・人間関係の性）を説明し，性は人権と深く関わるのだというメッセージを伝えた。性に対するネガティブな印象を払拭し，これからの学習に前向きに取り組ませたいというねらいであった。

２時間目は，性の４つの要素（身体の性・心の性・表現する性・好きになる性）を説明し，誰もが多様性な性のどこかに位置していているということを伝えた。「セクシュアル・マイノリティ」「LGBT」「性別違和」という言葉はここできちんと押さえた。そして，前時の学習とつなげて，LGBTQ＋の生きづらさは人権問題であるということも伝え，「今，その問題がクローズアップされて社会が変わりつつある。変えようとする１人になろう」と，これからの学習の方向性を示した。

授業の最後に，次の４つの約束をした。まだ学習が始まったばかりであり，生徒の間には理解の深さや認識の仕方に開きがあるため，授業後の日常生活へのフォローと支援が必要だと考えたからだ。

- 覚えた言葉は，正しく適切に使う。
- 人のセクシュアリティについて詮索はしない。
- 誰かに聞かれても，嫌だったら自分のセクシュアリティについて話す必要はない。
- 困ったり悩んだりした時には，必ず誰かに相談する。

生徒の感想からは，授業の中で伝えた「性は人権・性は虹色（グラデーション）」という言葉をきちんと受け止め，自分たちはもっと知らなければいけないという課題意識が芽生えてきたことがわかった。テーマは違っても，これまでさまざまな方向から人権学習を積み上げてきたので，通底するものを見出したのだと思われる。

第9章　中学校における LGBTQ＋への対応と授業　151

生徒の感想

　僕は，4つの性のうち，生活の部分は少し真ん中寄りの気がします。LGBT については，以前フォーラム[注3]に載っているのを読んだことがある。先生が紹介してくれたお坊さんがそうだったと思う。川上さん[注4]もどこかで見たような気がする。今回の学習で，トランスジェンダーにはとても大変なことや生きづらさがあることがわかった。

　上記のように，この頃から生徒の感想文に，自分のセクシュアリティについて触れる記述が出てくるようになった。この学習の中なら自分のことを話すことができそうだという判断があったのかもしれないが，カミングアウトとアウティングに関する授業の必要性を感じさせるものでもあった。

　この学習の後，各学級では FTM をカミングアウトして活動する杉山文野さんの自叙伝『ダブルハッピネス』から，短い文章を紹介し，LGBTQ＋であるがゆえの生きづらさに思いをはせる時間をとった。M さんの講演会を控え，生徒の意識を高めておくためであった。このように，全体学習の後，担任は必ず各学級でそれを生徒の胸に落とし込むフォローの時間を設けていた。

　この頃，生徒は次のような疑問や課題を抱くようになっていた。

　これらの率直な疑問や課題が，その後の学習意欲につながったと思われる。

- いのちの学習をもっとしたい。
- LGBT についてもっと知りたい。生きにくさを抱えていると思うから。
- 他にも気づいていないだけで差別をしていることがあるかもしれないので，差別についてもっと勉強したい。
- トランスジェンダーの人たちが使えるトイレ（多目的トイレ）を作っ

注3）「フォーラム」とは，2週間に1度，さまざまな新聞記事について生徒が感想を書き，紙面で交流し合う活動。今回の学習を視野に入れて，LGBTQ＋として活動する人のインタビュー記事や，「ジェンダーフリーの玩具」に関する記事を取り上げたことがあった。

注4）東京都世田谷区議の川上あや氏。授業の中で，世の中に積極的に発信・活動をしている人として紹介したうちの1人。

152　第Ⅱ部　発達段階に応じた対応と授業

ても，そこに入ることを笑ったり見下したりする目があると差別の解
消は難しい。

● 出席番号が男子が先というのがずっと気になっていた。

● なぜ日本は，同性婚が許されていないのか。

3．当事者Mさんとの出会い――1人ひとりが特別なんだ

　10月6日には，支援団体のメンバーでありFTM当事者でもあるMさん
の講演を行った。生徒には「人権講演会」とだけ予告していた。これも，セ
クシュアリティの違いを超えて，まずは人と人として出会ってほしいという
願いからであった。

　Mさんは，幼い頃から抱いていた性別への違和感や周囲の期待とのズレ
など，成長段階を順にたどる中で「女として生まれてきたが自分は男である」
という自己の立場を明らかにした。生徒たちは，その事実を意外性や戸惑い
をもって受け止めたが，終始明るく親しみを込めた語り口で，思春期の苦悩・
カミングアウト・今の心境まで率直に話してくれるMさんの言葉に，熱心
に聞き入った。なかでも，多くの生徒の心に響いたのが，「セクシュアリティ
は，誰もがもっている1つの側面であり，それがすべてではない」「1人ひ
とりが特別な存在なんだ」という言葉だった。

　予定時間を超えて生徒の質問に答えるMさんと，Mさんをとても身近に
感じて次々と話しかける生徒たちの姿に，人との出会いの大きな力が感じら
れた。

生徒の感想

　性について勉強してきたけれど，実際にMさんの講演を聞けてよかった。こ
れまで，うっすらとしかわからなかったことがわかった。また，性の多様性に
ついてさらに深く知ることができた。「一人一人が特別」。この言葉を大切にし
て，性と人権の問題に今まで以上に真剣に取り組みたい。

4．カミングアウトとアウティングに関する授業をどうするか

性の多様性について話す中で，指向する性別が同性であるという人たちの

声は，異性愛を当たり前と思う人の胸には届きにくい。次の授業「結婚したい人がいます」では，同性愛カップルの里帰りを撮った動画[注5]を題材に，「僕には結婚したい人がいます。それは男性です」と打ち明けられた母親の心情の変化を追いながら話し合った（図9-4参照）。

はじめは「同性愛を理解できるか・できないか」という異性愛を前提とした話も出たが，意見を述べ合う中で生徒たちはそれが建設的な議論ではないことに気づいた。最終的には「誰もが自分らしく生きられる社会をつくるためには，周囲が変わらなければならない」という生徒たちなりの結論にたどり着いた。

この頃，生徒の感想文の中に，「もし誰かからカミングアウトを受けたらどうすればいいのだろう」とか，「自分はセクシュアル・マイノリティかもしれない」という言葉が見られるようになった。学習が深まるにつれて，課題がどんどん生徒自身に迫ってきている様子がわかるのと同時に，生徒自身のカミングアウトの可能性が出てきた。しかし，カミングアウトする側もそれを受ける側も，十分な心の準備が必要である。

私たちは，カミングアウトとアウティングに関する学習は，必ずどこかでしなければならないと考えていた。その授業案を練るにあたり，「ゲイ・バイセクシュアル男性の自殺未遂率の高さ」のデータ（日高，2017）を提示するかどうかという点で意見が分かれた。アウティングが重大な人権侵害であるということを伝えるためにはデータを出す必要があるという意見と，必ずいるであろう当事者の生徒が胸を痛める恐れがあるので出さない方がいいという意見である。

話し合いの結果，教師としてデータから深刻さや実態を把握しておくことは重要だが，生徒には自殺念慮率などのデータは示さずに，カミングアウトとアウティングの問題について段階的に理解し納得できるようにしようということになった。専門家にも相談し，最終的に10月末に予定されていた講演の中で伝えてもらうように依頼した。

注5）テレビ東京『いきなりワケあり里帰り』，2017年7月9日放送「ゲイカップルが両親にカミングアウト」の部分の動画。

154 第Ⅱ部 発達段階に応じた対応と授業

道徳「結婚したい人がいます」学習指導案

目標

　性的マイノリティの方々の生きづらさを理解し，社会の偏見や差別をなくしていこうとする意欲を高める。

展開

学習内容	指導上の留意点
1．里帰りに至るまでの2人の様子や願いについて話し合う。	○「みんなから祝福されたい」という当たり前の願いに込められた，2人の気持ちを理解させる。
2．母とのやりとりの中で心に残ったことを発表し，同性愛者の生きづらさについて話し合う。	○心に残った言葉や場面を出し合うことで，さまざまな視点から登場人物の思いを汲み取らせる。 ○「つらかったら，逃げて」という母の言葉から，同性愛者に対する差別や偏見について考えさせる。　　　　　②
2人の願いを叶える力になるためには，どうすればいいだろう。	
3．これまでの自分を振り返り，社会の偏見や差別をなくすためにはどうすればよいかを考える。	○自分の中にも性的指向に関する偏見や差別心がないか，内面を見つめさせ，自分が変わることで社会を変えていこうとする意欲をもたせる。　　　　　　①

評価

・社会の偏見や無理解が性的マイノリティの方々の生きづらさの原因であることを認識し，自分にできることを考え，主体的に行動しようとする意欲を高めることができたか。　　　　　　　　　　（価値的・態度的側面）①

・当事者や家族の方々の痛みや思いを共感的に理解し，自分の身の回りにある同性愛者への偏見や差別を見極めることができたか。　　（技能的側面）②

（三好市立池田中学校　石山裕貴）

図9-4　指導案

5．支援団体で活動している専門家との出会い：一歩を踏み出す勇気

　10月24日，支援団体で活動している専門家から，「多様な性って素晴らしい──セクシュアル・マイノリティ SAG 徳島の活動」という演題で話を聞いた。これまで学ぶ機会がなかった日本史の中での LGBTQ＋の存在や世界の動きなど，幅広い情報と，自身が相談活動や啓発活動に関わるようになっ

た経緯を聞いた。

　また，カミングアウトへの対応とアウティングの問題性についても整理して話してもらった。突然のカミングアウトを受け止められないと心配していた生徒たちには，心強い助言となっただろうし，カミングアウトしようと考えている生徒がいたとすれば，そのタイミングを慎重に見極める助けにもなったはずである。

　この講演からは，Ally として活動する人の姿が生徒に強く印象づけられた。次のように学んだことが行動に結びつく生徒が出てきたことに，私たちは大きな手応えを感じた。

生徒の感想

　私は講師の方が話してくれた「何かできること」の中の「今日のことを誰かに話してみる」というのを実践しました。早速，母に話したのですが，母はLGBT＋のことを知りませんでした。私たちはまだ子どもだから知らないのだと思っていましたが，大人も知らない人がいるのです。これでは，LGBT＋の方々が暮らしやすい社会とは，まだまだ言えません。

　この頃になると，生徒たちが，「多様性」の意味を理解し「LGBTQ＋」という言葉を使うようになってきた。「性」という言葉も自然に授業中の発言や感想文の中に出てくるようになった。生徒の意識が少しずつ変化し，多様性への理解を深めていったことがわかる。

6．支援団体のメンバーとの出会い：虹の架け橋を渡る

　今回の実践の山場となったのは，10月30日に行った支援団体のメンバーとの交流学習であった。この学習のねらいは，「これまでの授業で疑問に思ったことを，LGBTQ＋の立場をよく知る人に聞いてみること。そして，誰もがありのままで生きられる社会をつくるためのヒントをもらうこと」であった。

　LGBTQ＋の当事者を含む団体のメンバーが，生徒と直接会うことについては，当初，生徒間での当事者探し，ひいてはいじめにつながる恐れがある

156　第Ⅱ部　発達段階に応じた対応と授業

という理由から，慎重論があった。しかし，どんな人権問題を学習しても同様の懸念は出てくるものだ。私たちは，時間をかけて丁寧に正しい知識を伝えるとともに，心を揺さぶり人権意識を高める授業を重ねることでこの懸念を払拭し，交流学習の意義を最大限に引き出そうと考えた。人のセクシュアリティを詮索することは，無礼であって，人を傷つける行為であること，今，まさに，それがない社会を目指して学習しているのだということを，最初の段階から繰り返して指導してきた。また，交流学習後の生徒の言動にも注意を払うことを再度確認して交流学習に臨んだ。

　私たちは，交流学習に次のような成果を期待していたが，それは，事前に支援団体のメンバーにも伝えていた。

●セクシュアリティの違いを超えて，人と人としての交流があること。
●誰もがありのままで生きられる社会をつくるという共通の目的のために語り合うこと。
●近い距離で話をすることにより，この課題を人権課題として切実感をもってとらえること。
●セクシュアリティの悩みを抱えている生徒のロールモデルを示してもらうこと。

　交流学習では，9人のゲスト（支援団体のメンバーのこと）との交流を各学級1時間ずつ行った。生徒は5〜6人のグループにわかれ，そこにゲストが2人ずつ入る。20分を1セッションとし，50分の間にゲストを交替して2セッションの交流を行った（表9-1）。

　各セッションは，自己紹介の後，まず生徒からの質問で始まった。話が進むうちにゲストから生徒への質問があったり，これまで生徒たちが気づきにくかった法律や社会の仕組みにも話が及んだりした。好きな歌や休みの日の過ごし方など，話題が広がっていくグループもあったが，それも交流の一環として容認した。ゲストは，学習の趣旨をよく理解してくれて，長時間にわたる生徒との交流に大変協力的だった。話し合いの中では，ファシリテーターのような役割もしてくれたので，どのグループも時間が足りないくらい話が

表9-1　交流学習の方法

各学級	5～6人×4グループ　ゲスト2人ずつ　20分×2セッション
セッションの流れ	・自己紹介 ・生徒から今まで学習してきての感想など ・フリートークの中で，生徒からの質問とゲストからの回答 ・ゲストからの質問も ＊ゲスト交替，第2セッションへ

弾んだ。

午前の交流が済んだところで，給食の時間となった。ゲストたちには，3学級に分かれて生徒と一緒に給食を食べてもらった。生徒にとってはゲストとの距離がさらに縮まった時間となったようであった。

昼休みの体育館では，何人もの男子生徒に混じって緑のTシャツを着たSさんがバスケットボールをする姿があった。予鈴が鳴って，汗を拭きながら上がってきた生徒たちのスッキリとした顔，そして，「めっちゃうれしかった！」というSさんの満面の笑みが印象的だった。幼い頃から性別違和を抱きつつも，成人するまで女性として過ごさざるを得なかったSさんは，これまで大好きなバスケットボールを男子の仲間としたことがなかったそうだ。この日の仕事は夜勤だから午後に仮眠をとらなければならないのに，熱い思いがこみ上げてきてなかなか寝付けなかったと後で聞いた。

後日，交流を終えたゲストからの温かく元気の出るメッセージを掲示物にして貼り出すと，すぐに生徒たちが寄ってきて熱心に読んでいた（図9-5）。

以前，セクシュアリティについて偏見に満ちた発言をしていたある生徒は，交流学習を境に授業への向き合い方が変わった。また，交流が終わって帰ろうとするゲストの後を追いかけて熱心に話しかけていたのが，これまで不登校と別室登校を繰り返していた生徒であったことに私たちは驚いた。実は，他にも2人の別室登校・不登校の生徒がいたが，この生徒たちも，今回の学習には関心をもち，講演を聞いたり教室でグループワークや交流学習に参加したりしていた。もしかしたら，最初は性の話ということで，いつになく興味を喚起されたのかもしれない。しかし，それぞれに生きづらさを抱えた3人が，「性の多様性と人権」の学習において生きる道しるべを探していたの

158　第Ⅱ部　発達段階に応じた対応と授業

> "自分らしさ"というのは簡単に定められるものではないと思います。セクシュアリティが移り変わるのと同様に、自分らしさというのも変わるものだし、探していくものであると思います。生きていくうえで、他の人と関わりつつ、見つけていってほしいと思います。

> 自分を信じて！今は好きになれなくても、そのうちわかる。自分の理解者は、まず自分。大丈夫！

> 「自分らしさ」って難しい。でも、それは自分のすきなものの束。それは自分の苦手なものの束。それは自分の「普通」の束。好きな自分も嫌いな自分も、それを見つけている自分が「自分らしさ」かな。まず、すべきことは、「自分らしさ」を自分に問いかけること。「知る」ことよりも、まず「態度」。今日の雰囲気、とってもよかったですよ。

10月30日（月）
交流学習　虹のかけ橋
ゲストからのメッセージ

> 今回は人権学習としてセクシュアルマイノリティが取り上げられましたが、誰しもがどこかでマイノリティであったり当事者であったりします。それを社会が"特別だ"とみなして、時には注目が集まったり、時には偏見をもたれたりしています。でも、みんな同じ人間で、みんな一人一人が特別だと私は思っています。セクシュアルマイノリティだけでなく、何か違うところでマイノリティの方も、ご自身の生き方について悩みをもっているかもしれません。色々なことをどれだけ知っているか（頭の部分）だけではなくて、それをどう受け止め発信するか（心の部分）も大事です。皆さんなら、きっと未来の日本を変える力をもっていると思います。近い将来、このような学習が"当たり前"にされる日本になるように、私もがんばります。一緒に社会を築いていきましょう！

> 自分が自分を受け入れることが大切だと思います。そして、自分と違う人を、初めから否定しないことが、自分らしく生きられる社会をつくるために大切なことだと思います。

> 社会を変えるには、まず自分から！誰の中にもある男らしさや女らしさ。一人一人が、自分らしく輝いていけば、それが当たり前になっていくと思います。一人一人が自分の中の、男性性・女性性を大事にして、若い世代から自由に表現していってください。

> このような形で生徒たちにお話するのは初めてのことだったので、正直、最初は「何を話そうか」「ちゃんと伝えられるか」「打ち解けられるか」と、不安なことが多くありました。ところが、その不安はすぐに消えました。温かく迎えてくれ、積極的に質問する姿勢、そして何よりどの子も明るくてユーモアがあふれていました。何を話すかという不安も、いざ質問されると、時間が足りないくらいにしゃべっていました。昼休みも、バスケに誘われ、本当にうれしかったです。本日は、本当にありがとうございました。

> 私は、Sさんと一緒に参加させていただきましたが、Sさんのこんなに幸せそうな表情を見たのは初めてです。きっと自分のセクシュアリティについてしっかりと受け止めてくれる3年生の皆さんだからこそ、あんなに生き生きと自分のことをお話できたのだと思います。私まで幸せな気分になりました。今の皆さんがつくっている学級・学年という社会は、皆さんが目指している「誰もが安心して暮らせる社会」だと感じました。給食を一緒にいただきましたが、グループ交流にC組にも行ってみたかったです。（午前中のみの参加だったため）時間がなくて残念でした。皆さん、ありがとうございました。

図9-5　掲示板に貼ったゲストからのメッセージ

第 9 章　中学校における LGBTQ ＋への対応と授業　159

ではないだろうかと思われる。この学習においても，人との出会いが生徒の心を大きく動かしたと確信した。

7．「ありのままで生きることができる社会」：学び続けることの意義

　後日，それぞれのグループが交流学習で聞き取ったことや話し合ったことを報告し合う会（学年学習）をもった。報告からは，中学時代の生づらさや高校生活のこと，将来の夢など，さまざまな話題があったことがわかった。生徒たちは，交流学習で見えてきた社会の問題点と中学生の自分たちができることについても発表した。あるグループは，「個人として生きることができる社会の創造」を，あるグループは「自分たちが学んできたことを広めること」を，またあるグループは「普通や常識といわれていることを，一度立ち止まって考えてみること」を気づきとしてあげた。

　最終段階の授業「ありのままで生きることができる社会にするために」は，これまでの学習の集大成であった。授業の中では，交流学習後にゲストの 1人から届いたメールを紹介した。そこには，S さんが「ここのところ，仕事でもミスをすることがあり，落ち込んでいたけれど，今日，自分のことが好きになれた」改めて「自分自身のことを，これでいいんだなと思えた」と話したことが綴られていた。

　生徒の中から，「交流学習では，自分たちがゲストから学ばせてもらい感謝していたが，メールでは，自分たちが学ぶことがゲストを元気づけたと書かれている。自分たちが性の多様性を学ぶことそのものが，新しい社会づくりの一歩なのだということに気づいた。それなら，もっと学び，広めなければいけない」という意見が出た。

生徒の感想

　深く勉強する前は，自分ができることは少ないと思っていた。けれど，交流学習や報告会を終えて，自分ができることはたくさんあるとわかった。また，勉強をする前は「性」と聞くと大切と思いながらも恥ずかしいと感じていた。今は100％大切なことと思えるようになった。

160 第Ⅱ部　発達段階に応じた対応と授業

8．環境整備と情報発信

　今回の取り組みの内容や生徒の反応は，毎月発行する学年だよりを通じて保護者に知らせるようにしていた。また，一部は学校 HP にも掲載した。並行して，次のような校内環境の整備・情報発信も行った。これらは，生徒・教職員を含めた学校全体の意識の向上のためでもあり，来校者に学校の取り組みを知らせるためでもあった。

- LGBTQ＋関連の啓発ポスターを貼る。
- 図書室前に「セクシュアリティと人権の本」のコーナーを設ける。
- レインボーフラッグを掲げ，その歴史や意味について解説した掲示物を添える。
- 3 年生の教師がゲストティーチャーとして 2 年生の授業に加わり性の多様性について説明する
- 3 年生の授業の様子や生徒の感想を掲示物にして廊下に貼り出す。

Ⅳ　おわりに

1．成果としての生徒の変容

　計18時間にわたる「性の多様性と人権」の学習を終えて，学習全体を振り返る話し合いの中で，次のような考えや思いが生徒たちに共有された。

- 違っていて当たり前だ。
- 全部をわかる必要はない。「そうなんだ」と思えばいい。
- 1 人ひとりが特別な存在だ。
- 違いを超えて人としてつながることが大切だ。
- 性は生きることにつながる。
- まず，知ることが重要だ。
- もっとこの学習を広げていくべきだ。

第9章　中学校におけるLGBTQ＋への対応と授業　*161*

　印象的だったのは，自分たちの学びが価値ある内容で，これをもっと広め
たいし，学び続けたいという強い気持ちが多く見られたことだ。性の多様性
の課題を自分のこととして考え始めたからであろう。

　また，一番身近な社会である学校に，スリッパの色の統一・男女混合名簿
の導入・多目的トイレの利用促進など，性の多様性に配慮したシステムを導
入しようという具体的な意見が出てきたが，卒業前ということもあり形ある
ものにはならなかった。この思いを，後に続く生徒たちが引き継いで行動に
つなげてほしいものである。

　一方，この学習と前後して，解放されたように伸び伸びと振る舞うように
なった生徒たちが複数いた。セクシュアリティに関する心ない言葉に胸を痛
めていたであろう生徒たちである。個性派でいわゆる「浮いていた」生徒た
ちも，前よりも生き生きしてきた。もちろん，目に見えない心の変化が起き
ている生徒もいたのではないかと推測される。それは，学年全体として以前
にも増して温かみのある雰囲気が生まれたことが物語っている。このような
生徒の変容が，多様性へ開かれた心の表れであると評価したい。卒業まで4
カ月に迫ったこの時期に「性の多様性と人権」の学習ができたことは生徒
にとって幸いであり，必ずこれからの生き方につながるであろうと確信した。

　今日，「性の多様性と人権」をテーマに学習するなら，読み物にも動画に
も優れた教材は数多くある。しかしながら，今回のようにLGBTQ＋当事者
や支援者と直接会って話をし，心を通わせる機会があれば，性の多様性への
理解と受容は大きく進むことがわかった。

2．教職員・学校の変容

　先にも述べたが，「性の多様性と人権」の授業はまだしたことがないとい
う教員が多い中で，今回初めて学年としてこの課題に取り組んだ結果，教職
員の意識にも変化が生まれつつある。レインボーフラッグを作成する学級が
あったり，家庭科では性の多様性を前提とした「多様な家族」の授業をした
りした。また，多目的トイレの整備，男女混合名簿の提案，スリッパの色を
統一しようという声も聞こえてくるようになった。

　教師や学校の意識改革は始まったばかりであるが，今回の実践を通して，

162　第Ⅱ部　発達段階に応じた対応と授業

今後学校として取り組むべき課題が明らかになったという点も成果の1つである。

3．今後の課題とその解決のために

今回の実践に限らず，人権教育は，ある時期のある学年だけの学びではなく，継続的発展的に取り組まれなければならない。そのためには，引き続き教師自身が「性の多様性と人権」についての学びを深め，これが重要な人権課題の1つであるという認識をしっかりともつことが必須である。

今回は18時間にわたる長期の取り組みであったが，これほどの時間は毎年確保できない。今後は，他校の取り組みも参考にしながら無理なくねらいを達成できるような学習モデルの開発が必要であろう。また，授業で使用する用語の精選・発達段階に応じた系統的で無理のない学習計画・適切な教材の選定・外部の機関とのネットワークの構築も必要である。

あわせて，学校の施設・設備，システム，慣例として行われていることが，真に多様な性のあり方に配慮したものであるかを検証し，必要に応じて改革していく作業も必要だ。それも，教師主導ではなく，生徒の声と共鳴するような形で推し進められることが理想だ。社会はよりよい方向に変えられるという可能性を生徒に感じさせることは，未来を担う生徒たちへの重要なメッセージであるからだ。

最後に，今回の実践を共にした仲間の言葉を紹介したい。

- 自分自身のものの見方が変わったことに大きな感動を覚えた。
- 性に対するネガティブなイメージが払拭された。
- 巷にあふれる雑多な情報に対して，クリティカルな視点をもって見るようになった。
- 教師自身が変わることが，生徒や学校を変えていくことになることがわかった。

文　献

針間克己（2016）LGBT と性別違和．こころの科学，**189．**

第9章　中学校における LGBTQ＋への対応と授業　163

日高庸晴監修（2017）性の多様性を考える．公益財団法人人権教育啓発センター．

金井景子・藥師実芳・杉山文野（2015）LGBT 問題と教育現場：いま，わたしたちにできること（早稲田教育ブックレット）．学文社．

倉敷市教育委員会（2017）人権教育実践資料 2　性の多様性を認め合う児童生徒の育成．http://www.city.kurashiki.okayama.jp/secure/114233/201707siryou2.pdf（2019 年 4 月 20日取得）

人間と性教育研究協議会(2015)エッセイ・性の多様性　虹の架け橋を渡る．季刊セクシュアリティ，**70**．

NPO 法人共生社会をつくるセクシュアル・マイノリティ支援全国ネットワーク監修・編集（2015）セクシュアル・マイノリティ白書2015．つなかんぱにー．

杉山文野（2009）ダブルハッピネス．講談社．

砂川秀樹編著・RYOJI 編（2007）カミングアウト・レターズ．太郎治郎社エディタス．

田代美江子・渡辺大輔・艮　香織（2014）ジェンダー・バイアスを問い直す授業づくり──「性の多様性」を前提とする中学校の性教育．埼玉大学教育学部教育実践総合センター紀要，13，91-98．https://sucra.repo.nii.ac.jp/index.php?active_action=repository_view_main_item_detail&page_id=26&block_id=52&item_id=16326&item_no=1（2017年 6 月30日取得）

戸口太功耶・葛西真記子（2016）性の多様性に関する教育実践の国際比較．鳴門教育大学学校教育研究紀要，30，65-74．http://www.naruto-u.ac.jp/repository/detail/8462016 1116132452；l=en（2017年 6 月 3 日取得）

164　第Ⅱ部　発達段階に応じた対応と授業

第10章

高等学校におけるLGBTQ+への対応と授業——チェックリストとエクササイズの提案

五十嵐透子

Ⅰ　はじめに

　高等学校におけるLGBTQ+への対応は，他の教育活動のような生徒への教育はもとより，①適切な教育実践と教育的関わりを個別および集団に行える教員養成と教員研修，②教育機関として安心・安全な学習環境の確立と維持，③安心・安全な雰囲気づくりのための方針策定と表明および実践，④保護者からの理解や協力を得るための情報提供と協力関係の構築，⑤開かれた学校として地域との連携，⑥都道府県および市区町村の教育委員会の業務である教職員研修や教材の提供，⑦各学校の組織体制の整備，そして⑧国としての取り組みと，主にこれら8つがそれぞれ影響し合っている。本章では，高等学校における学校としての取り組みと生徒への授業の2つに焦点を当て，LGBTQ+の生徒だけでなく学校関係者全員にとって，より過ごしやすい学習環境への実践的対応に焦点を当てる。

Ⅱ　学校の対応——チェックリストの活用

　表10-1は，筆者が作成したLGBTQ+でも，特に性別違和の生徒への対応チェックリストである。例えば，ジェンダー・ニュートラルなトイレを校内に設けることは，ユニバーサル・デザインによるバリアフリー化とも関連するハード面の整備である。教育機関にはそれだけでなく，その使用に対する共通理解や指導といったソフト面の整備も不可欠である。多目的トイレの

設置には，誰でも使用でき特別なトイレではないという理解だけでなく，日常の学校生活で使用することまでが含まれる。本チェックリストは，主に現状の学校設備での対応に関するものでソフト面中心である。

1.には，学校全体のLGBTQ＋に対する方針や対応，個別対応が含まれている。2.と3.は，男女に区分されやすい服装や持ち物などの規定，4.は，日常生活や健康面に関連する項目，5.は授業関連である。5.には，特に身体的接触が，生徒と教員間だけでなく，生徒間でも多くみられる体育を科目ごとにあげた。科目は「体つくり運動」「器械運動」「陸上競技」「水泳」「球技」「武道」「ダンス」に区分されるが，これらのなかでも身体的接触が伴いやすい5科目を取り上げた。体操着に着替える更衣スペースも不可欠な点であるが，4.にまとめている。6.は課外活動とその大会に関連したもので，部活動の更衣室は独自のものを設けた。7.に保護者対応を含めているが，海外のように同性婚の家庭で生活を送っている生徒は，現在はみられないかもしれない。しかし，保護者の1人がLGBTQ＋である場合も考えられ，学校としての対応が求められる可能性がある。8.は教職員に関するチェック項目を含めている。生徒たちだけでなく，教職員にとっても働きやすい環境は教育実践にも深く関わり，教員が自身のセクシュアリティをオープンにして仕事をしている姿は，LGBTQ＋の生徒にとって最も身近なモデルとなるだろう。

　これらは，生徒や保護者から適切に受け入れられるように学校としての方針づくりと実践へのチャレンジとなり，「組織としてのレジリエンス（organizational resilience）」を高めることが求められる。レジリエンスは個人の能力としての回復力や復元力と位置づけされているが，組織にも環境の変化に対応して機能し続ける適応力が求められる（Limnios et al., 2014）。混乱や分裂などに耐えて組織を維持するだけでなく，新しい状況に適応するために形態や機能を開発する「弾性力」（McCarthy, et al., 2017）が必要となる。

　追加事項が書き込めるように，その他として空欄を設けている。数字が多いほど，性別違和の生徒への対応を行っていることを示す。しかし，家庭や学校の特殊性や地域性などの影響も受けるため，特定の数字を基準としにくい。個人レベルでの意識化と対応だけではこれらの取り組みは困難で，学校

166　第Ⅱ部　発達段階に応じた対応と授業

表10-1　高等学校におけるLGBTQ＋への対応チェックリスト

1．対応する機会が生じた時に対応する予定である　2．検討を始めている 3．取り組んでいる　4．かなり取り組みが進んでいる　　　　（日付　　年　　月　　日）				
1．方針や体制づくり				
1-1	LGBTQ＋に関し，真剣に取り組んでいる	1	2	3	4
1-2	LGBTQ＋に対する偏見差別に対する方針を立て，文書化している	1	2	3	4
1-3	方針をインターネットをはじめ，公にしている	1	2	3	4
1-4	教職員全員が，すべての生徒のための包括的学校環境づくりに協力している	1	2	3	4
1-5	個人情報や性別区分への配慮				
	1-5-1　家庭環境調査票などの書類関連	1	2	3	4
	1-5-2　名簿	1	2	3	4
	1-5-3　座席表	1	2	3	4
	1-5-4　全校集会時の整列	1	2	3	4
	1-5-5　呼称：性別で分けていない	1	2	3	4
	1-5-6　呼称：希望する通称に応じる	1	2	3	4
	1-5-7　呼称：希望する氏名で書類作成を行う	1	2	3	4
	1-5-8　係や委員会：性別での選出に配慮している（例：○委員は男女1名ずつ）	1	2	3	4
1-6	LGBTQ＋のアライであることの表明	1	2	3	4
1-7	LGBTQ＋関連のサークル活動を認めている	1	2	3	4
1-8	関連する学外機関との連携体制	1	2	3	4
2．身なり				
2-1	性別に基づかない服装規定	1	2	3	4
2-2	制服への対応	1	2	3	4
2-3	体操着への対応や活用	1	2	3	4
2-4	靴や靴下などへの対応	1	2	3	4
2-5	髪型	1	2	3	4
2-6	その他（作業服など）	1	2	3	4
3．持ち物				
3-1	鞄類	1	2	3	4
3-2	部活動関連	1	2	3	4
4．保健関連				
4-1	性別に区分されていないトイレの使用	1	2	3	4
4-2	個別に着替えられる更衣スペース	1	2	3	4
4-3	健康診断	1	2	3	4
4-4	LGBTQ＋に関する相談体制	1	2	3	4

第10章　高等学校における LGBTQ＋への対応と授業　*167*

表10- 1　高等学校における LGBTQ＋への対応チェックリスト（続き）

5．授業関連					
5-1	保健：年間計画に LGBTQ＋関連が含まれている	1	2	3	4
5-2	体育：実技時に希望する性別での参加に応じる	1	2	3	4
	5-2-1　器械運動の協力・補助活動	1	2	3	4
	5-2-2　水泳	1	2	3	4
	5-2-3　球技	1	2	3	4
	5-2-4　武道	1	2	3	4
	5-2-5　ダンス	1	2	3	4
5-3	音楽：性別ごとのパート分けに配慮されている	1	2	3	4
5-4	宿泊を含む授業：部屋割りや入浴への対応	1	2	3	4
5-5	体育祭：出場種目	1	2	3	4
5-6	球技大会：出場種目	1	2	3	4
5-7	健康と性に関する教科は，すべての SOGIE（性指向とジェンダー・アイデンティティ，性表現）を含んでいる	1	2	3	4
5-8	LGBTQ＋関連書籍が情報源として図書館に所蔵され展示もされている	1	2	3	4
6．課外活動					
6-1	文化部：性別や変声期に伴う区分や，グループや班分けへの配慮（分けないことも含む）	1	2	3	4
6-2	運動部：練習への参加	1	2	3	4
6-3	運動部：競技会や大会への出場資格	1	2	3	4
6-4	運動部：更衣室	1	2	3	4
7．保護者					
8-1	保護者が LGBTQ＋の場合の対応	1	2	3	4
8-2	保護者への社会的資源の提供	1	2	3	4
8．教職員					
9-1	SOGIE に関連した希望に合わせた対応	1	2	3	4
9-2	教職員用トイレ	1	2	3	4
9-3	更衣室	1	2	3	4
9-4	休憩室	1	2	3	4
9．その他					

168　第Ⅱ部　発達段階に応じた対応と授業

全体での対応が求められること，そして何が求められているのか，どこまで対応が進んでいるのかを確認するためにも活用できる。教職員がアライであることを表明する方法としては，レインボー・サインを教室や校内に置いたり，毎年12月4日から10日の世界人権宣言採択日を含む「人権週間」やLGBTQ＋に関連する記念日に，レインボー関連のアクセサリーを身につける等がある。

Ⅲ　教育実践——カリキュラムと実施者

　国内では，おおよそ10年おきに改訂されている学習指導要領は2017年に見直しが行われたが，LGBTQ＋に関する内容は含まれなかった。しかし，2017年版の家庭総合・家庭基礎，地理歴史，公民の教科書にLGBTに関する短い記述や，同性愛や性分化疾患，性別違和（教科書では，性同一性障害），多様な形態の家族等に関する記述がみられるようになっている。WHO（2006）は，国際的な専門家間での協議を経て，セックス，セクシュアリティ，性的健康，性的権利の4つに関する暫定的な定義を発表している。そのなかで，"セクシュアリティ"は人の生涯にわたり基本的な要素であり，性別，性同一性や性役割，性指向，性欲，快楽，親密性および生殖のすべてを包括するもので，思考や空想，欲求，信念，態度，価値観，行動，経験，役割および対人関係と，さまざまに表現されるものと定義されている。さらに，身体的，心理的，社会的，経済的，政治的，文化的，倫理的，法的，歴史的，宗教的および精神的要因の相互性によって影響されることを強調している。これらを含めた包括的セクシュアリティ教育（comprehensive sexuality education：CSE）の優れた教育プログラムに関する立案と導入に関し，UNESCO（2018）は表10-2の10項目をあげている。

　CSEを新たな科目として立ち上げることは，すでに授業の時間的制限を受けている状態のなか，必要性を理解していても容易ではなく，実践においては既存のカリキュラムである社会や生物，保健体育や家庭科総合などの科目との統合が行われやすいだろう。各教科での人権教育や保健体育の性教育，家庭科の家族の発達や多様性など，さまざまな知識や制度，実態などの理解

表10-2 優れた包括的セクシュアリティに関する教育（CSE）プログラムの計画と導入（UNESCO, 2018）

1.	単独科目か統合化教育かの決定
2.	数年にわたる複数の連続した授業を含んでいる
3.	包括的セクシュアリティ教育のカリキュラムの予備授業の実施
4.	児童生徒が積極的に関わり，情報の内在化と統合を促す参加型教授法の採用
5.	カリキュラム実施に高い動機をもち，学校内だけでなく学校外のリソースを積極的に活用する，意欲的な教員の選出
6.	教員に対し，感性を高め，価値観の明確化，質の高い研修および専門職としての成長する機会の提供
7.	児童生徒にとって個人情報やプライバシーが保護された安全な環境の確保
8.	外部専門機関と連携した多構成要素プログラムの実施
9.	情報発信媒体として，ICT（情報通信技術）の適切な活用
10.	CSE プログラムの普及における教育内容の質の維持

に加え，自己理解やLGBTQ＋との関わり方，多様性の尊重，多文化共生といった多角的な側面からのアプローチが行える。単独科目として多様な側面から構成した内容でないため，関連科目教員が他教科でどのような内容にどの程度触れているのかを学校全体で共通理解し調整する，チームでの教育実践が求められる。加えて，実施教員がCSEに関する研修を受けていることが不可欠である。さらに，必修内容として習得度の評価のために試験を伴うものにするかどうかも大きな検討事項である。継続性においては，12回かそれ以上の授業回数を，通常は1回50分，時には30分の実施が，教育効果がみられることが示されている。

「5.動機が高く意欲的な教員の選出」という表現は誤解が生じるかもしれないが，関連する内容に豊富な知識をもち，性的健康に関する専門家として精通しているだけでなく，セクシュアリティやジェンダーに関し，恥ずかしがらずに日常用語を使って，親しみやすくわかりやすい説明ができることや，何を話してもショックを受けずオープンに議論ができ，守秘義務を守ってくれると生徒に信頼されていることなどが求められる。これらには教員が自身のセクシュアリティに不安を抱いておらず，経験的な知識をもち，自身の個別の価値観や態度と専門家としての役割と責任を明確に識別できることなども必要となる。そう考えると，すべての教員が適任とはいえないだろう。

170　第Ⅱ部　発達段階に応じた対応と授業

　さらに実施者に関しては，日頃から生徒に接していて生徒の状態を理解している担任や養護教諭，保健体育教員が行うことの利点と，研修を受けた教員や学外専門家が行う利点を共に生かした体制化が求められる。前者だけであればCSEの一側面になりやすいため，性的健康教育や感染症を含めた生殖教育には，特別活動や保健・医療機関などと連携した多面的プログラムを，保護者も含めて実施することの必要性が指摘されている。これには，プログラムや内容を地域性や生徒，教員，学校の状態に合わせて実施するとともに，質の維持が求められている（UNESCO, 2018）。

　これらの教育実践は，高等学校における特別活動（ホームルーム）や保健体育領域の「現代社会と健康」「生涯を通じる健康」といった教科や科目においてだけでなく，初等教育からの系統的かつ連続性のある内容と実践が求められる。小学校では「性に関した指導」として体育科保健領域で「体の発育・発達」が，中学校では「心身の機能の発達と心の健康」と「健康的な生活と疾病の予防」が，保健体育科に加え，技術・家庭科，道徳，特別活動で行われている（森，2017）。

　性的健康教育には，生殖機能や性交，避妊，妊娠，HIVや性感染症などの身体面の知識と，アイデンティティの1つの要素として，そして他者受容や円滑な対人関係といった心理面と社会面すべてが含まれる。LGBTQ＋の生徒だけでなく，すべての生徒に求められる「自分とは」の確立と「人の多様性」を学び，自他ともの理解を深めることである（枝川・辻河，2011）。加えて，生まれついた性に受け身的であるのではなく，自分の意思で選択できるものがSOGIEであるというセクシュアリティやジェンダーに対するとらえ方の変遷の理解も重要な側面である。また，学校でLGBTQ＋に関する理解を深めたり，課題を話し合うことは，多様性を受け入れ共存した生活を送る基本となる。安全で安心した教育環境づくりにつながり，LGBTQ＋に対する恐怖感や嫌悪感に基づく感情や価値観によるいじめ防止，ひいては自殺防止にも直結する。しかし，知識伝達と事実に関する話し合いだけでは十分ではない。特にSOGIEに関することはオープンに話しにくい抵抗感の強いテーマで，特に配慮した対応が求められるが，オランダのGALEが提案している教室内で行うエクササイズをいくつか紹介する。

Ⅳ　教室内で行うエクササイズ

1．連想ゲーム

（1）概要：1つの単語から，ブレインストーミングの方法を用いて心に浮かぶ言葉をリストアップするが，言葉の内容の検討は行わない。批判的でない好奇心と受容性の高い雰囲気のなかで，生徒が自分の考えや感情の洞察を深める機会を提供する。本エクササイズは，構造化されていなくても話し合いが行いやすいクラスで活用しやすい。

（2）時間：15-45分

（3）必要物品：黒板・ホワイトボード，フリップチャート用紙，チョーク・マーカー

（4）目的：参加生徒全員にLGBTQ+に関する知識と態度を共有しやすい機会を提供し，LGBTQ+に対する自身の理解状態を評価する。結果をこれ以降の授業のアジェンダ作成に活用する。

（5）手順：

①「同性愛（レズビアン・ゲイ），両性愛（バイセクシュアル），あるいは性別違和（トランスジェンダー）の言葉を聞くと，浮かんでくる言葉は何？」と問いかけ，浮かんでくる言葉すべてをスマートボード／白板／黒板に書いてもらう。

②連想する言葉が出なくなるまで10分程行う。

③連想した言葉に関連することを語ってもらう。

・書かれた言葉を分類する：関係，外見，セックスなど。

・「言葉の背後にあることは？」「言葉に伴うイメージや情報は？」「どのようなことからその言葉が出てきたのか？」を問いかける。

・評価せずに，生徒たちにどこからこれらのイメージを抱くようになったのかを語ってもらい，背景となっていることを明らかにする。

④深める場合：

・書かれた言葉に関する適切な情報提供を必要に応じて行う。

・生徒に，それぞれの言葉に対する思いを問いかける：

172　第Ⅱ部　発達段階に応じた対応と授業

「同意するか？」

「反対する場合は，どのような点で？」

「LGBTQ＋の人たちは，どうしてそのように考えるのだろうか？」

　本ゲームを終えた時点で，これらの質問に対する一般的な回答について説明する。

　教室内が騒々しく話し合いがしにくい場合は，生徒1人ひとりにA5サイズの用紙に思い浮かんだ言葉を記入してもらい，それを黒板に貼ったり，1人の生徒にクレヨンを渡し用紙に連想した言葉を記入してもらう。記入後にクレヨンを他の生徒に渡して同じ活動を全員に行ってもらう（参加生徒数に合わせて，クレヨン数を増やす）。

2．事実と考え地図

（1）概要：事実と考えを区別するために，単語地図を作成する。

（2）時間：30分

（3）必要物品：黒板・ホワイトボード，チョーク・マーカー

（4）目的：ライフスタイルの多様性に関する理解を深め，生徒1人ひとりの考えを明らかにするとともに，事実と考え，感情と合理性との違いを理解する。

（5）手順：

①説明と導入

・人は多くのことに対しあらかじめ何らかの考えをもっていることが多く，「事実」と信じていることが，実際は考えで，これら考えは事実に基づいているのか，あるいは印象や自分の考えに基づいているのかに気づいていない可能性を説明する。

・事実と考えを識別することに役立つ単語地図を作成することを説明する。

・黒板に縦に線を引き，左側に「事実」，右側に「考え」と書き，「同性愛（あるいはゲイかレズビアン）」「両性愛（あるいはバイセクシュアル）」「性別違和（あるいはトランス・ジェンダー）」の1つか複数を書く。

・黒板の下の方に，空白を残す。

第10章　高等学校における LGBTQ＋への対応と授業　173

②問いかけ

・LGBTQ＋に関する課題を考えた時に，最初に浮かぶ単語やフレーズを
問いかける。

・浮かんだものが「左側（事実）」か「右側（考え）」のどちらになるかと，
「右か左かを判断する理由」を語ってもらう。

・「事実」と判断した場合，情報をどこで入手したか，その情報が真実で
信頼できるかをどうやってわかるかを語ってもらう。

・必要に応じ，反対の情報を提示する。

・生徒の同意が得られたら，言葉やフレーズを黒板に記入する。

・判断に迷った場合は，黒板の下の空白に書いて，調べることを課題にす
る。

③テーマに関連した別のキーワードやフレーズをあげてもらい，矢印を引
いて関連を示す。

④授業の終盤までに生徒が事実と考えの違いを説明できるようになった
ら，どのキーワードやフレーズが自分の感情やオピニオンに関連してい
て，どれが事実に関連しているかを尋ねる。

・必要に応じ，「事実」と「考え」がそれぞれ強い感情を伴うかそれほど
でもない感情かで赤と青で区別する。「事実は常に事実かどうか？」や
「この事実に人は反対できるか？」，その理由などを問いかけ，感情と合
理性の識別を行う。

3．ニュース速報

（1）概要：報道写真と，その上下に表示される見出し（キャプションや
ヘッダー）を批判的に検討する。

（2）時間：45分

（3）必要物品：模造紙，LGBTQ＋関連の6つの写真，付箋紙（赤と緑の
2色）

（4）目的：画像に対し読者がどのようにイメージをつくり上げるのかを
理解し，日常生活で画像がどのような役割を果たしているのかを理解する。
批判的かつ創造的な思考スキルの発達と，メディアが提示するイメージの影

響力の大きさを考える。

（5）手順：

①事前に新聞や雑誌から LGBTQ＋に関する6つの画像を選び，模造紙に貼りつけ，教室に吊す。

②2色の付箋紙を生徒に渡し，6枚の画像それぞれに付箋紙に「緑」はポジティブ，「赤」はネガティブな見出しを書いてもらう。

③それぞれの画像に，書き込んだ付箋紙の「緑（ポジティブ）」と「赤（ネガティブ）を貼りつける。

④見出しを比較してもらい，話し合う。

・画像に関しさまざまな解釈をするために，しばらく時間をとって生徒に考えてもらう。

・画像を考え理解するプロセスに解釈が重要な役割をもつことを説明し，自分の解釈の共有を促すとともに，以下のことを問いかける。

「解釈をいくつ考えたか？」

「同じ画像でも，それぞれの解釈は別々のことを見ていたか？　もし別の箇所であれば，それはどこか？」

「新聞や雑誌を読んだ時，画像や見出しのどこに注目するか？」

「画像は常に真実を伝えているか？」

「編集者は，画像を活用してどのように情報を伝えたり視聴者の感情を刺激したり，同情を買っているか？」

「これらの画像や報道から同級生たちはどのような影響を受けているか？」

4．アドバイスを求める高校生

（1）概要：同性に惹かれる感情と，仲間や家族に正直であることに悩みを抱える15歳の女子生徒にアドバイスを行うエクササイズである。各生徒のさまざまなアドバイスは，生徒個人の意見を反映している。自分のセクシュアリティや LGBTQ＋に対しどう考えているのか，悩んでいる高校生に対する考えを明確化し，この状態への共感を高めることを促進する。

（2）時間：45分

（3）必要物品：黒板，便箋

（4）目的：自分と離れた関係ではなく，身近な仲間が悩んでいる状態に直面することで，性指向に対する態度を明らかにする。偏見差別がいかに人を傷つけ，健康やウエル・ビーイングに悪影響をおよぼすかを認識し，他者の状態への共感性を高める。

（5）手順：

① 1 人の女子生徒のストーリーを共有する。

「高校 1 年生の可南子さんは苦しい時間を過ごしています。他の女子生徒のように男子と一緒にいることを楽しめません。可南子さんは女性生徒と一緒にいたかったのです。可南子さんはある雑誌を読んで，同性に惹かれる女性がいることを知り，自分もそうではないかと考え始めました。男子生徒は好きですが，つき合う感じではなく，恋愛関係になりたいとは思いませんでした。可南子さんは，自分のこのような状態について仲間がどう思うのか知りたくなりました。」

②可南子さんへのアドバイスを手紙に書く。手紙には，書き手の意見，経験，アドバイスを含んだ内容にすることを教示する。

③手紙の作成中，必要に応じ，手伝う（15分間）。

④完成後，可南子さんへのアドバイスを共有してくれる生徒を募り，読んでもらう。

⑤生徒がアドバイスを読んでいる間に，キーワードになる言葉を黒板に書いていく。

⑥アドバイスの共有後に，黒板に書かれたキーワードを使い，生徒に質問する。

「あなたにとって，最も有益なアドバイスはどれだったか？　それはどのような点から？」

「アドバイスの中で，適切あるいは効果的だと思わない内容はどれか？」

「あなたはこのアドバイスをどのように決めたか？」

「可南子さんはあなたのアドバイスに対しどのように思うと考えるか？」

「誰かがあなたにこのようなアドバイスをくれたら，満足するか？」

「誰かがこのようなアドバイスをくれたらどう感じるか？」

176　第Ⅱ部　発達段階に応じた対応と授業

「可南子さんが同級生の１人だとすれば，おそらくアドバイスの手紙は
書かないと思うが，どのように対応するか？」

5．I am, I am not ゲーム

（1）概要：生徒に自身のアイデンティティの多様な側面を考えてもらう。
本ゲームは初めて多様性やLGBTQ＋関連の課題に取り組む時に最適な，短
くパワフルなエクササイズである。

（2）時間：10-15分

（3）必要物品：文章の書かれた用紙（ファシリテーター用）

（4）目的：さまざまなマイノリティに属することを体験する。

（5）手順：

①ゲームの説明

・17の文章（表10-3）を読み上げ，生徒自身に当てはまるか否かを判断
　してもらい，教室のどちらかに移動してもらう。「あてはまる場合」は，
　教室の左側，「あてはまらない場合」は右側のように決める。

・ゲーム中は，話をしない。

・真ん中の選択はなく，必ず，右か左を選んでもらう。

・参加が不快な場合は，参加しないことも選択肢であることを伝えておく。

・文章ごとに，同じグループにいる人と別のグループにいる人を確認する。

・各文章を読んだ時，どのような感情を抱いたかを覚えておくよう伝えて
　おく。

②教員も参加するが，正直に返答することを誰ひとり強要されておらず，
　最後の文章「このエクササイズ中に，少なくとも１つ以上嘘をつきまし
　た」では，教員は「あてはまる」を選ぶ。この教員の行為により，生徒
　も「あてはまる」を選びやすくなる。

③ゲーム中に，生徒が気づいたり感じたことについて，以下のような質問
　をして話し合う。

　「ゲーム中に気づいたことは何か？」

　「驚いたことがあったか？」

　「ゲーム中に抱いた感情は？」

第10章 高等学校における LGBTQ＋への対応と授業 177

表10-3 17の文章

1. 通学時間は30分以内です
2. 少なくとも週１回は母親の手伝いをします
3. わたしはブロッコリーが好きです
4. マクドナルドに行くのが好きです
5. アルバイトをしています
6. わたしは何らかの障害をもっています
7. わたしは正真正銘，男性です
8. わたしは正真正銘，女性です
9. 無賃乗車をしたことがあります
10. 男性や年下の男の子とキスをしたことがあります
11. 女性や年下の女の子とキスをしたことがあります
12. わたしにとって，性的関心は重要なアイデンティティの要素と考えます
13. 異性に対しエロティックな想像を抱いたことがあります
14. 同性に対しエロティックな想像を抱いたことがあります
15. 自分が同性愛（ゲイやレズビアン）であっても気にしません
16. 今までのいくつかの文章で返答が難しいものがあります
17. このエクササイズ中に，少なくとも１つ以上嘘をつきました

「どの文章が選びにくかったか？　それはどうしてだと考えるか？」

「特定の文章に関し，人が正直に選択しないのはどうしてだろうか？」

④終了前に，グループの中で独りになることは容易なことではなく，人は独りぼっちになったり汚名をきせられたくないので，覆い隠したり，秘密を守り続けなければならないと感じることを伝える。

6. 相談するロール・プレイ

（1）概要：生徒の創造力を活性化するためにロール・プレイを行い，対象となった人の役割を推測しロール・プレイで演じる対応を決める。

（2）時間：１場面５～10分で，可能であれば３～５場面を行う

（3）必要物品：担当者の５つの個別のメッセージを記入したカード

（4）目的：個人にとってプライベートなことを共有することがどのようなものかを体験する。

（5）手順：

①ロール・プレイについて説明する。

・このロール・プレイでは，友達から個人的で予期せぬことを話された時

178 第Ⅱ部 発達段階に応じた対応と授業

にどのように対応するかを学ぶ。

・必ずしも「あなた自身」である必要はなく，シナリオから考えることを
　試してみるように伝える。

・舞台演技ではないので，名優である必要はないことを伝える。

・架空のシナリオであることを伝えておく。

〈シナリオ〉

「野外宿泊研修で，2人の生徒が1つのテントを共有しています。寝る前
に，1人が個人的なことを話し始めました。話した内容を書き込んだ5枚の
カードがあります。それぞれの場面を演じて，対応してみましょう」と伝え
る。

②5枚のカード

　#1：祖母（あるいは友達）が亡くなった。

　#2：アルバイト先の上司を好きになった。

　#3：重い病気にかかったように思う。

　#4：アルバイト先で昇進して，責任のある仕事を任された（あるいは，
　　　社会人を想定して「仕事で昇進した」）。

　#5：レズビアン（ゲイ，バイセクシュアル，トランス・ジェンダー）だ
　　　と思う。

③テントの中のやり取りを演じてくれるように1組のペアに依頼し，役割
　を決めてもらい，カードに書かれたメッセージを送り，相手役は驚く状
　態から始めてもらう（5分）。

④ロール・プレイを終えたらすぐに，演じた2人の生徒に，その後で観察
　者にやり取りを評価してもらう。評価には以下の質問例を問いかける。

「このような告白に直面した時，どのように感じたか？」

「反応するのは容易だったか？」

「実際，このような告白を友人にするだろうか？」

「どのような告白だったら受け入れられると思うか？（あるいは，どのよ
うな告白は受け入れられないと思うか？）」

「友達の『違い』はどのくらいあるがままに受け入れられるだろうか？」

第10章　高等学校における LGBTQ＋への対応と授業　179

　これらの実践は，単発ではなく12回以上継続して行うと効果的であること
が示されているが，なかなか容易ではないだろう。しかし，参考に LGBT
youth Scotland (2016) が示す12〜18歳を対象とした系統的な授業スケジュー
ル（全15回）の提案を見てみよう。日本国内では，人権教育に関連する内容
になるが，それぞれ60分で実施され，３名程度の小グループで話し合ってか
らクラス全体で話し合う流れをとる。

　①最初に教室内で LGBTQ＋に関し容認できる行動基準を話し合い，安心
で安全な学習環境をつくり，②個人の有する考えである「偏見」と，③それ
に基づく行為である「差別」，④固定観念で人を決めつける「ステレオタイ
プ化」の有害さを理解する。その上で，⑤友人や家族との「対人関係」のポ
ジティブ・ネガティブ両側面の明確化をしてから，⑥〜⑧で LGBTQ＋に対
する恐怖感や嫌悪感とさまざまないじめや嫌がらせの形を理解し，偏見差別
やいじめのない学校生活を送るための方略を立てる。その後，⑨〜⑪では校
内だけでなく社会における偏見に関し，教室内でのさまざまな活動を通して
原因を明らかにする。その後は高等学校レベルに特化して，⑫〜⑮で人権や
LGBTQ＋に関する国際的な活動を理解し，LGBTQ＋の当事者との時間を
もったり，バイアスが生じる文章や表現の仕方と影響へのより深い理解をす
る内容である。

　思春期の生徒へのセクシュアリティをテーマにした授業実践は，関心が高
まっているが抵抗感は低くない。学校が所在している地域性や校内全体の雰
囲気，生徒の身近に LGBTQ＋の人がいるかいなかでも授業の進め方は異な
る。実施するクラスと学校全体の実態を把握しアセスメントに基づいた実践
は不可欠である。

Ｖ　おわりに

　本章では，学校として，そしてスタッフとして求められるさまざまな対応
事項のチェックリストを提示した。リストには生徒だけでなく，保護者と教
職員への対応も含めている。SOGIE は「身体の性」「心の性」「好きになる

性」「表現する性」の4つの側面に区分されるが，これらの状態は2極化されないだけでなく組み合わせもさまざまで，スペクトラムのとらえ方が必要となる。セクシュアリティやジェンダーはオープンに話題にしにくいテーマであるが，性別違和とそれ以外の状態の生徒も含めた教育実践は，いじめ防止と自殺予防の視点からも不可欠である。

　加えて，これらの実践を行うファシリテーターの役割を担う教員には，LGBTQ＋に関する用語や状態など専門的知識だけでなく，経験に基づくメッセージを送ったり，オープンに話し合える雰囲気をつくるなど，教育の専門家としてだけでなく人としてのありようも求められることが，紹介したエクササイズの内容から伝わったであろう。

　教育実践から，アライであることを表明し活動を行うGSAのようなグループづくりにつながることも教育効果の1つになる。国内の大学では大学公認・非公認の団体が120以上みられており（L03, 2018），p. 166のチェックリストにも含めてあるが，生徒から希望が出た場合の高等学校としての対応も今後求められるだろう。加えて，LGBTQ＋への偏った見方やそれに伴う行動には社会構造や規範，制度に由来し，文化的影響を受けており（Meyer, 2003），地域性も十分に考慮して進めることも不可欠である。LGBTQ＋の生徒たちが思春期で直面する自己観やセルフ・アイデンティティに関する葛藤への対応は学校内だけでは対応困難であるが，主要な生活の場である"学校"において，理解的でサポーティブな人の存在が1人でも増えていくことへの教育実践に本章が少しでも役立つことを願っている。

文　献

枝川京子・辻河昌信（2011）LGBT当事者の自己形成における心理的支援に関する研究. 学校教育学研究, **23**, 53–61.

電通ダイバーシティ・ラボ（2015）電通ダイバーシティ・ラボが「LGBT調査2015」を実施—LGBT　市場規模を約5.9兆円と算出. http://www.dentsu.co.jp/news/release/pdf-cms/2015041-0423.pdf（2016年4月15日取得）

GLSEN（2017）Misgendering and respect for pronouns. https://www.glsen.org/sites/default/files/Misgendering-and-Respect-for-Pronouns.pdf（2018年7月6日取得）

Jaspers, D. & Dankmeijer, P.（2011）Simple classroom exercises. In P. Dankmeijer,（Ed.）*GALE Global alliance for LGBT education : Toolkit working with schools 1.0.* pp. 63–75, Amsterdam.

L03（2018）LGBT 系大学サークル，学生のための団体のまとめ【全国版】．https://matome. naver.jp/odai/2138323118565009201（2018年10月30日取得）．

LGBT Youth Scotland（2016）Dealing with homophobia and homophobic bullying in Scottish schools： Toolkit resource for teachers, Lesson plans. https://www.hinetgrampian.org/wp-content/uploads/2016/10/LGBT-Lesson-plans.pdf（2018年 9 月20日取得）．

Limnios, E. A. M., Mazzarol, T., Ghadouani, A., et al.（2014）The resilience architecture framework： Four organizational archetypes. *European Management Journal*, **32**. 104-116.

McCarthy, I. P., Collard, M., Johnson, M.（2017）Adaptive organizational resilience： An evolutionary perspective. *Current Opinion in Environmental Sustainability*, **28**, 33-40.

Meyer, I. H.（2003）Prejudice, social stress, and mental health in lesbian, gay, and bisexual populations： Conceptual issues and research evidence. *Psychological Bulletin*, **129**, 674-697.

森　良一（2017）学校における性に関する指導について（学習指導要領に基づいて）．https://www.mhlw.go.jp/stf/shingi/2r9852000001dh87-att/2r9852000001dhhq.pdf（2018年10月14日取得）

UNESCO（2018）International technical guidance on sexuality education： An evidence-informed approach（revised edition）. UNESCO, Geneva, Switzerland. http://unesdoc.unesco.org/images/0026/002607/260770e.pdf（2018年10月28日取得）

University of Iowa（2016）Celebrating points of pride. https://now.uiowa.edu/2016/11/lgbtq-celebrating-points-of-pride（2018年11月 6 日取得）

WHO（2006）Defining sexual health： Report of a technical consultation on sexual health, 28-31 January 2002. World Health Organization, Geneva, Switzerland.

182　第Ⅱ部　発達段階に応じた対応と授業

第11章

大学における LGBTQ＋への対応
――３つの壁をのりこえる

枝川京子

Ⅰ　はじめに

　大学は最終教育機関である。高校までの教育と大学教育が異なる点は，自分の意志次第でより専門的な知識や技能を習得できることである。同時に，部活動やサークル，アルバイト，ボランティア，イベントの実行委員など，さまざまな活動に参加することで経験を積むこともできる。このような他者との交流は，相互の人間性を高めてくれるものであり，これも全人教育としての学びである。このような他者との交流から，多様な人の多様な価値観に気づくことができる。そうした中で，セクシュアリティもその多様性の１つであることに学生たちは意識を向けているであろうか。自分自身が，異性愛者・LGBTQ＋という枠組みに捉われない多様な性のグラデーションの中で生きているという認識を，もっているであろうか。

　社会の変革に合わせ，大学においてもバリアフリー化，ユニバーサルデザイン化が進み，多様な人間が共に生きやすい社会を目指しつつある。しかし大学キャンパスにも必ず LGBTQ＋の学生は存在するにもかかわらず，そのことを明らかにしているわけではない。つまりカミングアウトを実行せずに生きる LGBTQ＋の学生にとって，大学がカミングアウトをするには，さほどメリットのある環境ではないということである。LGBTQ＋の学生は多様な人間の１人として大学で自分の個性を表現しているとは言い難く，それゆえに非当事者は，自分の周囲には LGBTQ＋の人はいない，だから彼らを差別することもないという認識を無意識的に生み出し，その風潮は継続されて

いく。そこで本章では，カミングアウトの有無を問わないLGBTQ＋当事者の大学キャンパスでのサポートのあり方を明確にすることを目指す。公表の可否はLGBTQ＋学生の権利である。そして大学側は，こうした学生がセクシュアリティを表明しなくても，苦痛や負担を感じない環境をつくり上げる必要がある。ここで，性別の違和感を抱えながら大学に入学し，在学中に性別適合手術を受けた大学生 A さんの事例を提示し，大学での支援について見解を述べる。

Ⅱ　事例から見る LGBTQ＋の大学生の自己形成と大学の支援

1．事例の提示

　A さんは20代前半。大学在学時に男性から女性に移行した。A さんの発言を「　」で表記する。

1）成育歴と経過

　男性として出生。

　幼稚園時：性器への違和感を抱く。後にそれは嫌悪感となる。

　中学時：女友達と化粧を始める。からかいの対象となるも「いじめられるのが嫌でオープンにし」自己努力で対処。性別違和について「認めたくない自分とそうなのではないかという葛藤があった」。

　高校時：2 年時に両親にカミングアウト。母親は複雑な気持ちを抱きながらも最終的に「男の子と女の子，2 人子どもをもったと考えればいい」と理解を示した。学校環境が「1 人の人間として見てくれた」ため診断の有無を問わず希望する性を考慮した対応が講じられ，本人の努力もあって良好な対人関係を築けた。

　大学時：都市郊外にある中規模校 B 大学に男性として入学。20歳を機にホルモン注射を開始する。同時に服装や髪型など，望む性での様相に変更。手術に必要な費用を準備するため飲食店でアルバイトを開始する。店主，アルバイト仲間ともに性別変更や外見の変容の理解があり，アルバイトは卒業まで継続した。「女性として社会に出る」ことを目指し，大学 3 年時に性別

適合手術を実施。術後，女性への性別変更と改名の手続きを行った。手術や戸籍の変更は完了したが，術後のケアは長期間にわたり継続する。

2）就職活動

性別変更と改名の手続きと併行して大学3年時から始めた就職活動は「自分が本当にしたいことは何か」を考える機会にも，LGBTQ＋に対する社会の無理解，偏見に遭遇する機会にもなった。LGBT学生を対象とした企業説明会に参加するも得心がいかず，企業研究と選択を自身で行った。努力が奏功しアパレル会社に採用が決定する。採用後に担当者に性別適合手術を終えたトランスジェンダー当事者であることを伝えた。専務取締役は，能力と人柄を評価した結果の採用であり，セクシュアリティは就労に何ら問題はないと理解を示した。

図11-1 「女になる」ポスター

3）LGBTQ＋に関する活動

性別適合手術を受けるまでの日々をドキュメンタリー映画『女になる』[注1]として記録，公開した（図11-1）。このことについて「過去は消せないけれど，男の子として生まれたことも背負っていきたい。辛いこともあったけれど，20年後に笑って見られるように生きていきたい。批判や中傷もあるかもしれないけれど，やってみなければわからない。学校の中にいる生きづらさを抱えている人に，何かメッセージを与えられたら」「私と同じ悩みをもつ人たちを元気にしたい」と自らの経験を伝え，広報活動に積極的に参加する。

4）大学のサポート・啓発活動

身体相談のため，保健室の来室を契機にカウンセリングを利用。主訴は自身のセクシュアリティを考えるためではなく，大学でのサポートを検討するためであった。心理カウンセラーは，ホルモン治療に伴う体調の変化を考慮

注1）映画公式サイト http://onnaninaru.com/

し，担当教員に個別対応を要請した。また全教員に向けて，①LGBTQ＋の学生は在籍すること，②そのため呼称の際の敬称は，男女問わず全学生に「さん」で統一するように周知した。

　Aさんが在籍する学科の教員はAさんと合議し，治療による体調変化を考慮した課題の進捗の検討，ニックネームを変えること，女性用トイレの使用にあたり他学生に了解を求める対応を実施した。

　性別適合手術，法的改名後に学生証記載の写真の変更を行い，卒業証書は改名で記載した。

　大学主催の啓発活動として，映画の公開に合わせ，地域住民も含めた映画の上映会とシンポジウムを開催した。

2．発達段階と社会情勢からとらえたLGBTQ＋学生の理解

　大学生は青年後期に位置し，さまざまな人生の出来事に対する取り組みの中で試行錯誤し，社会における自分の役割や位置づけを見出していくことが発達の課題とされる。その中に心理的あるいは象徴的に社会一般と自分を隔てる「壁」が存在し，それをどのように乗り越えるのかを試される。ここでは特にトランスジェンダー学生にとって主要な3点の「壁」をあげ見解を加える。

1）トランスジェンダーの「20歳の壁」は「18歳の壁」へ

　大半の学生は在学時に成人を迎える。特にトランスジェンダーの学生にとって，20歳は性別適合手術を可能とする成人年齢になるため，大きな区切りとなる。

　また，民法改正により成人年齢が引き下げとなり，2022年から18歳で戸籍の性別を変更できるようになる。ただ，戸籍の変更は2004年施行の「性同一性障害者の性別の取扱いの特例に関する法律」（特例法）により，性別適合手術の実施を含む一定の条件のもとでのみ変更が可能となっている。この改正に伴い，現行20歳以上とする性別適合手術の開始年齢の引き下げが検討され，18歳未満でホルモン治療を開始する受診者の増加が予測される。さらに2018年度から，性別適合手術が公的医療保険の対象となり，自己負担が最大3割で受けられるようになった。ただ，手術前に行うホルモン療法が自費の

場合は性別適合手術も自費となる（混合診療の場合は全体について自由診療となる）ため，現状では保険適応で性別適合手術を受けられるケースは限られる。このため性同一性障害学会（GID学会）はホルモン治療の保険適応を可能とするよう働きかけるという（GID学会，2018）。このような法的な改正や医療体制の変化は今後も起こりうるため，支援者は，社会情勢の変化を敏感に察知し，適切な知識の収集と必要に応じた情報を提供できる力量が求められる。

　Aさんの場合は，自身で意思決定ができる成人年齢を待ち，望む性で社会人になるべく，学生時に手術を受ける方向で治療スケジュールを検討した。今後も時間の融通のききやすい大学時代に望む範囲での性のありようを検討する学生の増加や，治療開始の低年齢化も予想される。

　また，大学生は第二次性徴を過ぎ，性的アイデンティティが自身の中である程度確固としている人が多い。しかしトランスジェンダーの望む性のありようは多様であり，医学的な治療を望まない人，ホルモン療法のみ，一部の手術のみを望む人，性別適合手術をして法的な性別変更を望む人など，個々の性に対する思いや価値観は異なり，またその決定に至るまでの揺らぎがある。そもそも価値観は普遍的・永続的な部分を保ちながら，経験や成長で変化していくものであるため，決定は一時的で完結ではない。また，性別違和が身体と反対の性別と確信している状態である一方で，自分の性を決められないXジェンダー当事者(FtX，MtX。Xは中性，無性を指す)もいる。Xジェンダーは自分を男性とも女性とも思わない，どちらにも感じるといった男女の間を揺れ動くことが多く，自分がXジェンダーであると認識するまでに，LGBTのいずれかに自分を当てはめる比較検討の時期を過ごす人もいる。

　このように性の迷いを抱えた学生がカウンセリングルームに来室した場合，自身の迷いを決定づけたいために，心理カウンセラーにセクシュアリティの確認を求めることもある。この時心理カウンセラーが，「性別に違和感を抱える人は性を移行する」という認識しかないと，そのカウンセリングは「性の決定をサポートする」という方向づけのもとに行われることになる。自分の性別に違和感があるからといって，性別違和の診断の有無を検討するものではない。また診断があった場合も必ず手術を選択するわけではない。法的

な変更，医療技術の進歩や制度の見直しにあわせて自己決定できる時期はより低年齢化するであろうが，望む性のありようは多様で，迷いや決定づけられないことは正当な感覚であり，決断を急がないことを伝える。社会的な仕組みに当てはめるのではなく，当事者の揺らぎや個別のペースを尊重してアイデンティティ形成のプロセスに寄り添いたい。

2）トランスジェンダーの成人式の壁

日本各地でLGBT成人式が企画・開催されている。これは年齢・セクシュアリティ不問の成人式型イベントである。その目的はありのままの自分を誇るきっかけとすること，ありのままの自分を誇れることを日常化することにあり，薬師・下平（2016）は，このような成人式の開催が全国各地で開催されること，特に地域での開催はLGBTQ＋に関する課題の可視化につながると述べている。

LGBTQ＋当事者は成人時に，自身の成長を慶事として受けとめられないことがある。その感覚自体が負担であり，家族をはじめとする周囲の期待に添えない罪悪感を伴う場合もある。成人を肯定的にとらえられないことは，近未来の展望の描きにくさにつながり，その要因を自身に向けた場合は自己肯定感の低下を招く。このようなことからLGBTQ＋学生は成人式の参加を見送る，もしくは主体的な参加とならないことが多い。特に家族にカミングアウトしていないトランスジェンダーの人が，望む性別での晴れ着やスーツを着用したい場合は，家族へのカミングアウトを迫られることにもなる。

LGBT成人式は「成りたい人になる」ことを目指している。セクシュアリティに関係なく，自他ともに成長を実感し，なりたい自分を形成していくという式の趣旨は，現行のイベント化した成人式の意義を再考するよう示唆を与えているのではないだろうか。

3）就職活動の壁

ある大手のカジュアル衣料企業は社長がLGBTQ＋当事者（ゲイ）であることを公表している（朝日新聞記事，2017）。企業のトップの公表は多様性を体現するロールモデルとなり，さらにチームメンバーが率直に語り合える環境では，多様な意見が飛び出すようになり，生産性が向上するという。さらに，別の総合金融企業は経営破綻した米企業の欧州・アジア部門を引き継い

188　第Ⅱ部　発達段階に応じた対応と授業

だことにより，LGBTQ＋に限らず，人材の多様化に対する取り組みが進んでいる。このように近年，LGBTQ＋の就職に理解を示し，福利厚生制度の拡充に積極的に取り組む企業も出てきた。しかし，LGBTQ＋に対する配慮の取り組みが進んでいるのは都市部の大企業や外資系企業が多く，地方や中小企業にまでこの取り組みが及んでいるとは言い難い。

　LGBTQ＋の学生は，就職活動期に服装やマナーなどのジェンダーの壁，そしてカミングアウトの壁の，2つの壁に直面するという見解がある（薬師，2016）。大学生の立場になれば，志望企業に問題視される懸念が払拭されない限り，内定に至ることを優先し，カミングアウトを積極的に選択しないであろう。また採用に至っても，入職後の対人コミュニケーションの頻度，自己開示の程度を常に検討する作業が生じる。このようにLGBTQ＋は就職に際し，集団での規範や社会的に期待される役割と自身のあり方とがどの程度合知しているのかに気を配らざるを得ない状況になり，どの職種であろうと就職活動に取り組むことに大きなエネルギーが必要になる。

　前述のAさんもLGBTに理解ある企業の説明会にも出席したが，採用書類（エントリーシート）を提出することに「このようなスタイルは，何か違うという不安がぬぐえない」と実行できなかった。それは採用企業がLGBTQ＋に理解があることを謳っていても，その企業に属する個々人の理解度が想定できないことに要因があるのではないだろうか。Aさんの性別変更の過程を違和感なく許容したアルバイトの飲食店主，採用に至った企業の両社には「家族みたいに受け入れてくれる雰囲気がある」ことが共通しており，「男女ではなく1人の人間として自分を見てくれる」風土があった。またAさんも，受容的な社内風土を判別する力量を備えていた。Aさんは自ら，企業採用後に自身のセクシュアリティを伝えておきたい気持ちになったという。「言わなくてもかまわないが，いつか知られてしまうのではという不安を抱えながらの就職は自身に負荷が高くなる。自分のメンタルヘルスを保つため，受け入れてくれる状況を作っておきたかった」と語った。ゲイ・バイセクシュアル男性は一般人口と比べて，抑うつ，特性不安，孤独感が高く，自尊感情が低いという報告がある（日高，2000）。LGBTQ＋の学生にとって，就職活動学生に求められる「自身を誇り，アピールする姿勢」そのものが大きなハー

ドルとなりうる。AさんはそのようなLGBTQ＋の心情を認めつつ，それを打破する方策として夢や目標をもち，好きなことに没頭することの重要性をあげる。Aさんの興味関心はファッションの分野であり，それは学業にも趣味にも直結し，最終的に職業選択にもつながるものであった。

　LGBTQ＋の学生がさまざまな課題を抱えていても，十分に発揮されずにいる資質は必ずある。しかし，これまでの環境の中でそれらが発掘されずに潜在している場合が少なくない。ここでセクシュアリティはその人を形作る大きな要素ではあることを前提としつつ，あえてセクシュアリティだけがその人のすべてではないととらえ，セクシュアリティ以外の部分にも着目する。そうするとその人の内的資源を見出せる可能性が生じる。心理カウンセラー等の支援者がこれらに焦点を当てることで，当事者が自身の適性に気づき，それに関する活動を強化できたならば，コンピテンス（潜在的能力と社会に対する適応能力）を向上させていくことができる。そのためには大学教育の中で，学生が自身の資質を見出すことができるようサポートしていくことが重要になる。このように自分の興味・関心を見出し，その利用可能性を探り，社会との接点を検討することは，専門的な知識や技能を学ぶ大学の教育と大いに関連づけることができる。

Ⅲ　大学におけるLGBTQ＋支援とは

　河嶋（2017）は全国の大学を対象にした性自認と性指向に関わる学生支援の調査結果をまとめている。241大学のうち約半数が性的マイノリティの学生から相談があったという。しかし約7割の大学が特別な配慮を講じておらず，広報活動を行っている大学は4％，性的マイノリティの人権をテーマにした教職員への研修の実施は2％に留まる。さらに相談室の対応として専門ではない相談員が対応する大学が大半である。この現状に対し，60％の大学が支援の必要性を感じているという。大学教職員が，対策を講じたいと漠然と思っていても，ニーズがわからない，専門的な知識をもつ担当者が少ない（いない）ため，当事者のニーズがあれば応じるスタンスが支援の現状であろう。

190　第Ⅱ部　発達段階に応じた対応と授業

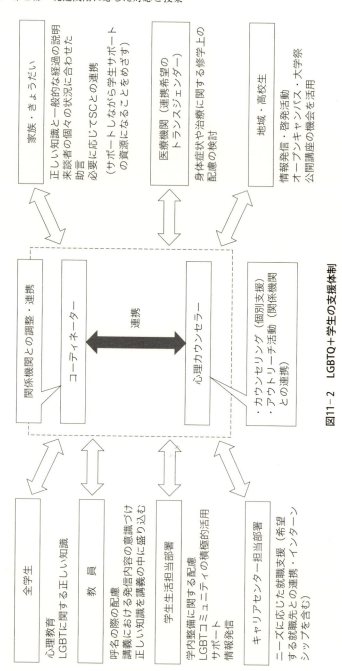

図11-2　LGBTQ+学生の支援体制

第11章　大学における LGBTQ＋への対応　191

　繰り返すが学内に当事者は在籍する。学生の要望に応じて支援策を講じるのではなく，LGBTQ＋学生への配慮があることの利点や効果を知ることが必要であり，そのため既存の制度や慣行を検証する視点が欠かせない。そこで大学の機能・体制から考えられる LGBTQ＋支援について具体的に提案する（図11-2参照）。

1. カウンセリングでの支援

　臨床家に向けて示唆深いいくつかの指摘がある。

　①まず，カウンセリングで出会う，すべてのクライエントの性指向を異性愛であると決めつけず，非異性愛であるかもと常に思っておく必要があること（葛西，2014）。

　②心理カウンセラー側の無意識的な同性愛嫌悪にも留意が必要であり，特に同性愛に対する偏見のない態度は十分な自己分析を必要とする（堀田，1998）こと。

　③臨床家側にセクシュアリティに関する偏見がないか，理解があるかわからないため，当事者が言い出さない場合もある（平田，2014）こと。

　心理カウンセラーが自身のセクシュアリティをマジョリティだと認識している場合，セクシュアリティに関する感性や認識はよりマジョリティのものを無意識のうちに取り入れていると自覚した方がよい。誰しもが何かしらのバイアスをもっているが，それが学生のセクシュアリティの理解を妨げるものとなった場合，学生には2次被害となりうる。性のありようはグラデーションの中にある固有の性指向・性自認であるとして深く尊重し，深く理解するための想像力を働かせたい。柘植（2014）の報告にもあるが，筆者は学生相談において，セクシュアリティを主訴として来室する学生と同数，いやそれ以上にカウンセリング継続の中で自身のセクシュアリティを取り上げる学生がいると実感する。このように，一見セクシュアリティと直結しない心身の不調を主訴にカウンセリングルームに来室する学生も一定数いることの認識も必要である。学生は，目の前の心理カウンセラーは自分のセクシュアリティを話してもいい相手なのかを心理カウンセラーの言動や振舞いから推察しているのであろう。筆者が自分のありようを自己省察する場面である。

192　第Ⅱ部　発達段階に応じた対応と授業

　また，学生がLGBTQ＋であることを開示してカウンセリングに来室した場合,心理カウンセラーは固有のセクシュアリティを尊重することを伝える。カウンセリングは個別性が高いため一般化できるものではないが，まずこれまでの困難を自己努力で対応してきたことを労う。また，学生は自己肯定感が低下していることが多いため，受容的な関わりを重ねていく。心身の回復が見えると学生の語りは，自己の理解を深め自らの生き方についての模索へと変容していく。つまり心理カウンセラーは学生のありようの中に性のありようがあるという認識をもち，全人的な理解とその学生の強みを引き出すことを目指して学生と向き合う必要がある。また，カウンセリングの中で，連携を要する事項をアセスメントし，当事者の抱える問題の解決に向けた環境調整を検討することも必要である。

2．すべての学生を対象とした間接的支援

　「LGBTQ＋（マイノリティ）」と「マジョリティ」という枠組ではなく，性の多様性の中にマジョリティである自分も含まれるという「ジブンゴト」としてとらえる教育実践を行う。その理解を促進するためにSOGIという概念を知ることは有効である。例えば新入生の研修やオリエンテーションの機会に心理教育を行う，人権教育科目を開講するなど教育の機会を提供する。このような心理教育アプローチに,心理カウンセラーが積極的に関与したい。全学生に対して，LGBTQ＋に関する正確な知識や情報を発信すると，多様な人の存在を知り理解を深めるだけでなく，自身の無意識にある心の障壁に気づくことができる。それを取り除く工夫は，その人の新しい価値観を構築することにつながる。青年期の発達課題を抱える大学生には重要な試みである。

3．教員による支援

　大学教員は講義の中で,一斉にメッセージを発信する。それだけにLGBTQ＋の学生は教員の発話にLGBTQ＋への無理解や偏見を含む発言があれば，それを鋭敏に感じ取り，失望し自己肯定感を低める。非当事者にとってはその発言は許容されると暗黙の裡に学ぶ。大学教育は高度な専門性の知識や技術の習得を目的としており,例えば人権やジェンダーと関連する分野であれば,

多様な性を学ぶことができる。しかし，教員がアライとして在することは，いかなる分野でも多様な性に関する見識の伝播を可能とする。この知識の伝播は，柔軟な視点をもつことでさまざまな講義に盛り込むことは可能であり，そのためにも教員への学内研修の機会をもつことは重要な意味をもつ。教員が多様な性に対する正確な知識を得て，講義や教育活動の中で全学生に伝えていくことも教員としての役割である（枝川・辻河，2011）。「アライの教員」は１つの環境であり，このような環境整備は当事者のアイデンティティ形成を支えるものとなる。さらに非当事者に対するLGBTQ＋の理解につながる。このような教育はセクシュアリティの学習だけでなく，「人間の多様性」の学習といえる。多様な個性をもった学生が集まる大学は，その多様性を伝えるのに適した場所であるといえる。

4．学生担当部署における支援

　大学の環境整備は，「物理的バリアフリー」と「心理的バリアフリー」の両面から検討する必要がある。物理的バリアフリーとは，大学の建築物における段差の解消，書類や施設などの表示や表記の工夫など有形のバリアを取り除くことを指す（表11−1参照）。学生証や各種書類における性別欄の表記も物理的バリアとなる。これに対して心理的バリアフリーとは，大学に関係する人の考え，意識づけ，対応スキル，マニュアル浸透など人の意識に関する無形のものである。よってLGBTQ＋学生の物理的バリアフリーを講じるには，心理的バリアフリーの視点が基盤となる。つまりLGBTQ＋の学生にとってどのような考えや態度が心理的なバリアとなっているのか認識した上で，物理的バリアを取り除くことが必要である。この両側面から可能な限り具体的に検討・改善できる事項を述べる。

1）物理的バリアフリーのために

　トイレにレインボーシールやステッカーを貼付するなど，大規模な設備改修を必要としない事項から実施する。

　Ａさんの場合は，戸籍変更によって学生証や卒業証明書の氏名変更が可能となったが，戸籍変更前の通称名使用はできなかった。トランスジェンダーのすべての人が手術をして性別移行や法的な改名を行うのではないため，通

194　第Ⅱ部　発達段階に応じた対応と授業

表11-1　大学におけるLGBTQ＋学生への物理的バリアフリー

LGBT＋の学生	・ハラスメント相談に留まらないセクシュアリティの相談窓口の設置と案内 ・啓発活動（LGBT＋コミュニティのパンフレットを置く・図書館にLGBT＋関連蔵書を置く） ・LGBTに関するポスターの掲示やレインボーフラッグの設置 ・多目的トイレ（ジェンダーフリートイレ）の設置* ・情報発信（ニュースレターやWebサイトでの発信） ・居場所づくりやその周知 ・LGBT＋サークルの立ち上げ
トランスジェンダーの学生	・望む性での施設利用（トイレの使用やその方法・宿泊を伴う行事の対応） ・健康診断（学校で実施せず校医を受診する・個別の実施時間を案内する） ・留学の際の配慮（職員が留学先に配慮の依頼を行う） ・学生証や卒業証明書に通称名を記載できる制度上の見直し ・各種書類における性別欄の見直し（性別の記載の必要性を精査する。必要であれば男女以外にその他の項目を設ける） ・授業における呼名の配慮

＊現在の多目的トイレは障害者の使用を前提とするものが多く，LGBTQ＋の人は使用に際して後ろめたさを感じやすい

称名での変更を可能とするシステムづくりが望まれる。また，各種書類記載における通称名の使用に関しては，学内書類の範囲か学外書類にも対応するのか，診断書の有無など制度化が必要であり，また大学間の差異が生じないように一定の基準が明確にされることも重要である。また，学生証作成時に使用した写真が，望む性の様相に変化したことで学生割引サービスに使用できないものであれば，作り直しを認める必要がある。学生割引サービスを享受する機会が奪われないよう，学生証の作り直し（再発行）に関しては，診断の有無を問わない柔軟な姿勢が望まれる。

2）心理的バリアフリーのために

例えば各種書類の性別欄の有無の検討は，心理的バリアフリーの視点があると実施できる。既存のシステムを使用する際に疑問視ができると早期の改善が可能となる。前述のB大学は大学仕様の履歴書における男女の欄が削除された。このように既存の制度を点検し改善する心理的バリアフリー観点はLGBTQ＋の環境整備に重要である。

また，職員の名札にレインボーカードを添付する。アメリカの大学では実施され，LGBTQ＋に親和的な人物を知ることが可能となっている。フラッ

グやポスターの設置も周知の効果があるが，名札は動く広告塔として価値が高く，すべての学生に対してアライの可視化につながる。

このように，設備など大学の物理面の改善は早急に実施しつつも，ソフト面は個別の理解のペースを尊重することも必要である。LGBTQ＋理解は，支援者側も同様に自身の価値観の再構築といった影響がある。理解の強制とならないよう，まず自身のモラルに則り言葉や態度に出さない意識づけから着手したい。

5．キャリアセンター（就職部・就職課）での支援

大学カリキュラムにキャリア教育科目が開講され，学生は主体的に進路選択できる能力の獲得や，専攻や希望のキャリアに関連した就業体験（インターンシップ）を経験するなど，職業観を習得する機会がある。またキャリアセンター職員（以下職員と記す）は自校の学生の就職をサポートするための工夫や努力を重ねている。

社会情勢を概観すると，少子高齢化に伴い労働力の確保は必須となる。さらに五輪憲章には性指向による差別の禁止が謳われ，LGBTQ＋への理解を広める推進力となっている。2020年の東京五輪開催を控え LGBTQ＋に関心をもつ企業は急激に増加していくだろう[注2]。

このような状況を踏まえ，大学による LGBTQ＋の学生の就職活動の支援は，LGBTQ＋の就職活動を当事者任せにしないという点に集約される。まず，キャリアセンターから LGBTQ＋に関する情報や個別相談の案内を発信することである。留意することは，LGBTQ＋学生対象の合同説明会やイベントの情報であっても全学生に発信し，LGBTQ＋であることを職員に開示しなくても得られる体制を整えることである。

次に，LGBTQ＋であることを職員に開示して就職活動を行う場合の支援を表11−2に示す。

注2）オリンピック開催に必要な物品・サービスの調達基準や運用方法を定めた「調達コード」には，LGBT を含む社会的少数者の権利尊重の項目がある。これにより，調達先となる企業は大会組織委員会が定める基準に沿う必要があり，人事制度などを整備する企業が急増している。

表11-2　就職活動におけるキャリアセンターの支援

	キャリアセンターの対応	学生による取り組み	企業の対応・企業のメリット（◎印）
就職活動における服装 ＊1参照	・就職活動にリクルートスーツ着用を求めない企業をリサーチし学生に情報提供（LGBTに限らない）	・選択した服装が話題となる可能性があることと、その選択の説明能力をもつ ・トランスジェンダーの学生の場合：量販店でミオーダー、少してもストレスを軽減する	・リクルートスーツ不要の企業が共同宣言する ◎学生の個性を知ることができる
企業研究 ＊2参照	・企業のコンプライアンスや社会的責任（CSR活動）に着目した情報を提供 ・レインボープライドの協賛企業の情報を提供	・レインボープライドに出会う。（自分が欲しい情報を把握する）・協賛企業担当者と出会い、協賛企業や会社の様子を把握する	・LGBに対して：同性パートナーに対する会社の福利厚生制度の有無を明示。・トランスジェンダーに対して：治療・治療に伴う体調変化における療養休暇制度などジェンダーフリートイレの設置など設備面の配慮を明示。
職業体験（インターンシップ）＊3参照	・学生の希望する企業との調整役を担う（受け入れ先の確保や打合せに関与）	・自分の希望を明確にするとともに、企業側の可能な配慮との折衝を検討する。・LGBTについてどこまで開示するか、企業毎に検討する	◎学生の要望や必要なサポートが明確になる ◎現場を知る学生を採用することで早期離職者が減少する可能性がある
大学独自の取り組み ＊4参照	・大学独自の方法でLGBTに理解のある企業の求人情報の収集と提供 ・LGBT＋の卒業生の紹介 ・企業とLGBT当事者をつなぐイベントの情報収集と提供		

＊1　トランスジェンダーの学生は、望む性のスーツが着られない、身体のラインを見せたくない等の理由からリクルートスーツ着用への負担が高い。最近は学生の個性を知るという観点から、就職活動にリクルートスーツ着用を求めない企業がある。全学生に情報提供をすることから、また立場をわきまえた服装ができることが前提となる。リクルートスーツを着ないことで減点する企業を選ばない視点も必要である。また LGBT の情報提供をする。学生は面接においても服装の話題にあがる可能性があると認識をもつ。目身の見解を理解できる準備は必要である。トランスジェンダーの学生、就活中をサポートする衣料品店があるので、スーツを購入の際は利用することもストレスを軽減できる。リクルートスーツ主体の日本の就職活動の文化を変えていく必要がある。

＊2　企業が公表するデータの、社会的責任（CSR活動）の項目に LGBT に関する記載があることは、企業選択における重要な判断材料である。CSR企業総覧2018年度版によると、国内企業で LGBT の人権尊重・差別禁止の方針が「ある」と答えたのは285社（29.1%）であり、社名も公表している。企業検索での選択肢が広がる。レインボープライド（LGBTQ＋のパレードとして国際的に認知された活動）の協賛企業を優先的に分析していく。積極的に関わる企業は知名度が上昇し、国民からの信頼感が高まることから、近年増加の一途を辿っている。このような社会貢献活動の状況を知ることは企業を選ぶ基準のひとつになる。

＊3　インターンシップに関する学びを希望する学生はキャリアサポートが必要な場合が多いことから LGBT ＋に理解のあるサポートが明確になる。

＊4　セクシュアリティに関する資源や歴史、地理的な条件を生かすことなど大学独自の方法で LGBT に理解のある企業イベントを開催する（LGBT に限らない多様な企業の参加が可能になる）。

まずLGBTQ＋の学生が「働きたい企業」の基準を考えることが企業選択の出発点である。学生と企業が時間をかけて理解し合うプロセスに職員が積極的に関与するとともに，大学からLGBTQ＋の求職者がいることを発信し，地域の企業の意識変容を促したい。

このような取り組みの効果として，学生は企業研究や自己分析に時間をかけることが可能になる。また，企業と学生とのミスマッチを軽減させることもできる。職員と企業が情報を共有し個別の対応を検討することは，キャリアセンターの支援力向上となり，次年度以降の学生対応がよりよいものとなる。近年LGBTQ＋に対する社会の動向に，企業が追従する形になっていることは否めない。それだけに学生は企業の真意を見ぬく能力が必要となるため，大学が長期的な支援を重ねることで得られる企業情報を学生に提供したい。

6．家族（親・保護者）への働きかけ

保護者が身近なサポーターとしての役割を担えるよう，大学からLGBTQ＋の学生生活やそのサポートの状況を広報誌などで周知していくことが有効である。親が子どものセクシュアリティを知っている場合，特に就職活動において本人の要望に基づく選択をできるよう，必要に応じて家族と連携を講じる。具体的な家族支援については第6章に述べたので参照されたい。

7．医療機関との連携

通院中，通院を予定しているトランスジェンダーの学生の場合，医療機関との連携は学生のニーズや状況に応じて検討する必要がある。在学中にホルモン療法や手術を行う場合は体調の変動が大きいため，本人の要望に応じた修学上の配慮が必要となる。すでに性別適合手術を終えた場合でも，経過に応じた治療は続くため配慮の継続を検討する。このように治療全般において体調の変動があるため，医療機関との連携は必要である。また，LGBTQ＋の学生は二次障害として抑うつ状態や身体症状を表出している場合が多い。心理カウンセラーが適切な見立てを行い，医療機関へのリファーを検討することも必要である。

198　第Ⅱ部　発達段階に応じた対応と授業

8．高校生や地域への働きかけ

　高大連携教育活動の折に，LGBTQ＋に関するパンフレットやリーフレットを置く，イベントの告知，案内をすることは可能である。また大学が地域住民対象の公開講座に，LGBTQ＋に関するプログラムを導入する，LGBTQ＋に関する講演会，映画の上映会，ポスター展などの実施も有効である。オープンキャンパスや大学祭など，学内に留まらない広報・啓発活動の機会には，現存するプログラムの中に取り組みを可能とする方法があると思われる。

Ⅳ　大学における心理カウンセラーの役割

　大学での心理カウンセラーの役割はカウンセリングなど個別の支援を行いながら，大学，友人，家族など対象者の生きる環境との相互作用を総合的に考慮し，連携を講じる，つまりアウトリーチ活動が必要となる。特に，LGBTQ＋当事者が抱える問題は，もともと当事者たちの中に内在していたものだけではなく，環境との相互作用で生み出されたものであり，連携，環境調整，啓発活動といった取り組みは欠かせない。

　その方策は山本（2001）の臨床心理地域援助の理論を活用することができる。臨床心理学的地域援助とは，地域社会で生活を営んでいる人々の心の病いの発生予防，心の支援，社会的能力の向上，その人々が生活している心理的・社会的環境の整備，心に関する情報の提供を行う臨床心理学的行為を指す。つまり，当事者が抱える問題は個人・社会環境・システムの間の相互作用によって発生していると考えることが前提条件であり，大学においてもその人らしく生きていける環境の基盤整備をすることである。

Ⅴ　おわりに

　総合大学や都市部にある学生数の多い大学，もしくは人文学・社会科学・心理学などの専門学科がある大学は，支援部門に携わる教員の配置がしやすく，学生活動としてLGBTQ＋サークルが存在することが多い。一方で，地方に存在する大学や小規模の大学は，支援体制の範囲に限界があろう。しか

し学生数の少ない大学は，教員や各部署との連携が講じやすいことは利点である。さらに，地方にある大学は地域社会も含めた正しい情報の発信拠点としての役割を担うこともできる。地方に居住するLGBTQ＋当事者は，そのコミュニティの範囲が限定されるため多くの人がカミングアウトを実行しない。その結果，生きづらさからの解放として都会に居を移す人が多く，地方のLGBTQ＋に対する環境は必ずしも整っているとはいえない。大学が，地域のサポート拠点として，支援・広報活動を行うことは，地方にも広がりつつある同性パートナーシップ制度などの社会の制度へと波及することができる。つまり，地方に位置する大学こそ役割は大きいといえる。

最後に触れておきたいことは，本章ではトランスジェンダー以外のLGBやDSDsの学生への十分な配慮を述べられなかったことである。苦痛や改善のための配慮の要望は，LGB＋の学生に比べてトランスジェンダーの学生が多い。支援者はその要望が明確・具体的であるほど支援を講じやすく，またそのことに充足感を得やすいことへの留意は必要である。またトランスジェンダー学生の対応についても，男女二元論ではなく，性は多様なものという理解のもとでの支援を行う必要がある。大切なことはトランスジェンダーの支援が中心となったとしても，それを契機として，LGBTQ＋に親和的な風土をつくり出すことに意識を向けることである。人権問題は制度や法律などを変えなくては解決できないことも多いが，大学のハード面である設備や，ソフト面となる思考は，柔軟な発想や機転をもつことで変化を起こすことは可能である。つまりLGBTQ＋の支援はその大学の多様性や寛容度を示す指標といえる。大学がマイノリティ（少数者）支援ではなく，ダイバーシティ（多様性）を認め，さまざまな背景をもつ人を結びつける教育機関として社会に位置づけられることを期待したい。

　付記　事例の提供を快く引き受けてくださったAさん，また学生支援の協働に尽力いただくB大学教職員の皆様に心より感謝申し上げます。

文　献

東洋経済新聞（2017）CSR企業総覧2018年度版．http://www.toyokeizai.net/csr/ranking

200　第Ⅱ部　発達段階に応じた対応と授業

/2018/20171222Data.html（2018年9月15日取得）

枝川京子・辻河昌登（2011）LGBT 当事者の自己形成における心理的支援に関する研究
　　——ナラティブ・アプローチの視点から．学校教育学研究，23，53-61.

GID（性同一性障害）学会（2018）「性同一性障害診療における手術療法への保険適用」
　　について．http://www.okayama-u.ac.jp/user/jsgid/（2018年6月18日取得）

日高康晴（2000）ゲイ・バイセクシュアル男性の異性愛的役割葛藤と精神的健康に関する
　　研究．思春期学，18，264-272.

堀田香織（1998）男性同性愛者のアイデンティティ形成．学生相談研究，19，13-21.

平田俊明（2014）レズビアン，ゲイ，バイセクシュアル支援のための基本知識．（針間克
　　己・平田俊明編著）セクシュアル・マイノリティへの心理的支援——同性愛，性同一性
　　障害を理解する．岩崎学術出版社，pp.26-38,

葛西真記子（2014）児童期・思春期のセクシュアル・マイノリティを支えるスクールカウ
　　ンセリング．（針間克己・平田俊明編）セクシュアル・マイノリティへの心理的支援
　　——同性愛，性同一性障害を理解する．岩崎学術出版社，pp.109-122.

河嶋静代（2017）大学での性的指向と性自認が非典型の学生支援の課題．（三成美穂編著）
　　教育と LGBTI をつなぐ——学校・大学の現場から考える．青弓社，pp.212-235.

柘植道子（2014）セクシュアル・マイノリティ大学生を支える学生相談．（針間克己・平
　　田俊明編著）セクシュアル・マイノリティへの心理的支援——同性愛，性同一性障害を
　　理解する．岩崎学術出版社，pp.123-139.

薬師実芳・下平　武（2016）LGBT 成人式の果たす役割，こころの科学，189，88-89.

薬師実芳（2016）LGBT の就職活動——約13人に1人の求職者のためにできること．精神
　　科治療学，31，1061-1064.

山本和郎編（2001）臨床心理学的地域援助の展開——コミュニティ心理学の実践と今日的
　　課題．培風館．

用 語 一 覧

アウティング（outing）：本人の了解なく，その人の性指向，性自認等を他者に話すこと。

アライ（ally）：セクシュアル・マイノリティのコミュニティを支援したり，社会問題や政治問題を支持する性的アイデンティティのコミュニティ活動に協力や支援をしている人。

異性愛主義／ヘテロセクシズム（heterosexism）：異性愛が普通であって，それ以外の人はいないとする考え。

異性愛中心主義／ヘテロセントリズム（heterocentrism）：異性愛こそ「自然」と考え，それを規範化，中心化する思想のこと。

エイセクシュアル／アセクシュアル（asexual）：無性愛。男性にも女性にも性愛の感情を持たない人。

Xジェンダー（Xgender）：性自認が男性でも女性でもない性別（X：エックス）であると表明する人。性別を男や女に限定したくない，できない，わからないと感じている人。

LGBT（エルジービーティー）：lesbian（レズビアン），gay（ゲイ），bisexual（バイセクシュアル），transgender（トランスジェンダー）の頭文字をとった総称。

LGBTQ（エルジービーティーキュー）：LGBTにquestioning（クエスチョニング），もしくはクィア（queer）の頭文字を加えたもの。

LGBTQ＋（エルジービーティーキュープラス）：LGBTQにその他の多様な性のあり方を含めたもの。

クィア（queer）：もともとは「不思議な」「風変わりな」などの意味を表す言葉で，かつては否定的な意味で使われていたが，1980年代末頃から，アメリカでセクシュアル・マイノリティの人々が，肯定的に使い始め，現在は肯定的な意味で用いられるセクシュアル・マイノリティの人々を表す言葉。

クエスチョニング（questioning）：自分の性指向や性自認がはっきりとしていない状態。どちらかに決められない，わからない，または決めたくない人。

ゲイ（gay）：男性同性愛者。男性として男性を好きになる人。

ジェンダー（gender）：社会的な性別。

ジェンダー・クィア（gender queer）：自分自身の性同一性（gender identity）が，既存の性別の枠組みにあてはまらない，または流動的な人を指す言葉。

ジェンダー・ノンコンフォーミング（gender nonconforming）：従来の性別にとらわれないこと。

シスジェンダー／性別一致（cisgender）：生まれた時に割り当てられた性別と，自

分が社会的，感情的，肉体的に認識している性別とが一致している性自認。

性指向／セクシュアル・オリエンテーション（sexual orientation）：性愛の対象としてみる相手の性別をさす概念。性愛の対象が異性にむかう異性愛者，同性にむかう同性愛者，男女両方にむかう両性愛者，性指向が異性・同性の枠組みによらない，すべてに人にむかう全性愛者（パンセクシュアル），だれにもむかない無性愛者（エイセクシュアル），非性愛者（ノンセクシュアル）等に分けられる。

性自認／性同一性／ジェンダー・アイデンティティ（gender identity）：自分が女性である，あるいは男性である，あるいはそれ以外である，という自己意識のこと。

性同一性障害（Gender Identity Disorder）：トランスジェンターの中で医療機関を受診し，「体の性」と「心の性」が一致しないと診断された人たちに対する医学的な疾患・診断名。アメリカ精神医学会は，2013年から診断名を性同一性障害（GID）から性別違和（GD）へ変更した。

性表現（gender expression）：自分の表現したい性のあり方を「自発的」に表現すること。

性別一致主義／シスジェンダリズム（cisgenderism）シスジェンダーが普通であって，それ以外の人はいないとする考え。

性別一致中心主義／シスジェンダーセントリズム（cisgerndercentrism）：シスジェンダーが自然であって，それを規範化，中心化する思想のこと。

性別違和（Gender Dysphoria）：生物学上の性別と性自認が異なっていることから生じる苦痛，不安，混乱をさす医学的な診断名。「性同一性障害」と診断名が異なるが，同じ症状である。

性別不合（gender incongruence）：これまでの「性同一性障害」という診断名が，世界保健機構（WHO）によって「精神疾患」から外れ，ICD-11では「性保健健康関連の病態」という分類に入れられ gender incongruence となった。その日本語訳として厚生労働省は「性別不合」との仮訳を示した。

セクシュアリティ（sexualiy）：性にかかわる欲望と観念の集合。

セクシュアル・マイノリティ／性的少数者，性的少数派（sexual minority）：性指向，性自認，性表現において，「典型」あるいは多数とは異なる性のありようをもつ人たちの総称。LGBT と同義で使われることが多い。

SOGI（ソジ）：性指向と性自認の sexual orientation と gender identity の頭文字をとったもの。多様な性を考える際のキーワードとして用いられる用語。性の多様性の中にすべての性のありようを位置づけ，性の問題を自分にも関わるものとしてとらえることができる。

SOGIE（ソジイ）：上記に性表現，gender expression を付け加えたもの。

ダイバーシティ（diversity）：多様性。

同性愛嫌悪／ホモフォビア（homophobia）：同性愛，または同性愛者に対する恐

怖感・嫌悪感・拒絶・偏見，または宗教的教義などに基づいて否定的な価値観をもつこと。

同性パートナーシップ条例：同性カップルを結婚に相当する関係と認める書類を発行する制度のこと。自治体によって条例，あるいは要綱となっている。条例は，「日本の現行法制において地方公共団体が国の法律とは別に定める自主法」であって，要綱とは「根本を成す大事な事柄（をまとめたもの）」である。つまり条例と要綱では大きな差がある。

トランス嫌悪／トランスフォビア（transphobia）：性別違和感のある人たちに対する恐怖感や嫌悪感などのネガティブな感情や価値観。

トランスジェンダー（transgender）：指定された性別と性自認に違和感がある人。

ノンセクシュアル（nonsexual）：非性愛。恋愛感情はもつが性的欲求をもたない人。

ノンバイナリー（nonbinary）：性別二元論ではないこと。

バイセクシャル（bisexual）：両性愛。同性も異性も好きになる人。

パンセクシュアル（pansexual）：全性愛。男性，女性等の分類にかかわらず，すべての人を愛することができる人。

ヘテロセクシュアル／異性愛（heterosexual）：異性を好きになる人。

ホモセクシュアル／同性愛（homosexual）：同性を好きになる人。

両性愛嫌悪／バイフォビア（biphobia）：両性愛者への嫌悪。両性愛の人たちに対する恐怖感や嫌悪感などのネガティブな感情や価値観。

レズビアン（lesbian）：女性同性愛者。女性として女性を好きになる人。

あとがき

　LGBTQ＋に関連するさまざまな事柄が毎日のように報道されるようになり，以前に比べると社会の認識が広がってきたように感じる。しかし，講演等の啓発活動のため学校へ行くと，「（LGBTQ＋について）初めて聞いた」「昔はいなかったと思う」等のご発言も聞かれる。学校に通う児童生徒や学生にとって，セクシュアリティやジェンダーの問題は，マイノリティ，マジョリティにかかわらず，誰にとっても自分自身の根本にかかわる重要な問題である。周りの大人がそのことについてどう考え，どう扱い，どう行動し，どう発言するかは，児童生徒，学生に多大な影響を与える。特に，小中学校の児童生徒にとって家族以外で影響力のある大人は学校の教員である。もし，教員がセクシュアリティやジェンダーについて偏見をもっていたり，配慮のない発言をしたりしていたら，子どもたちは傷つき，学校は安全な場ではなくなってしまう。また，自分のことを肯定的に受け入れることができなくなる子どもも出てくるだろう。

　本書を通して，児童生徒学生に関わるすべての大人がさまざまなセクシュアリティやジェンダーについて理解し，子どもたちの支援をしてくれることを願っている。また，本書の執筆者は，LGBTQ＋の児童生徒学生だけでなく，学校教育を通してすべての方々が自分らしく，自分のままで幸せに生きられる社会の実現を目指している。

　本書袖部分に，SAFE ZONE というカードを作成し印刷している。この部分を切り取って，ネームホルダー等の裏に入れていただきたいと思い，作成したものである。2018年に SAFE SCHOOLS というカードを作成し，多くの教職員に配布した。2019年には SAFE ZONE と改変し，新たに作成した。このカードを入れることで，自分は，LGBTQ＋について理解しています，ということを周囲の人に示すことができる。また，このカードによって，

学校や地域社会がLGBTQ＋の当事者だけでなく，すべての人々にとって安全な場所（SAFE ZONE）になることを願っています，ということも示すことができる。ご活用いただきたい。

　なお，本書の基礎となった研究活動は，兵庫教育大学連合大学院共同研究プロジェクト（T）の支援を受けた。

　2019年5月

葛西真記子

執筆者紹介

葛西真記子（かさい まきこ） 第1，2章，用語解説
右頁の編著者紹介参照

片桐亜希（かたぎり あき） 第3章
兵庫教育大学大学院連合学校教育学研究科学校教育実践学専攻修了。臨床心理士。

伊藤瑠里子（いとう るりこ） 第4章
兵庫教育大学連合大学院博士課程中退。臨床心理士，公認心理師。

ヨ　ヘイル 第5章
DSDsをもつ子どもと家族のための情報サイト「ネクスDSDジャパン」（nexdsd.com）主宰。臨床心理士・公認心理師。北里大学医学部非常勤講師。20年来，海外のDSDs各種サポートグループ・患者家族会と連携し，各種DSDsの正確で支持的な情報を発信し，DSDsをもつ児童生徒の対応についての教職員へのコンサルタントも行っている。（nexdsd@gmai.com）

枝川京子（えだがわ きょうこ） 第6，11章
兵庫教育大学大学院学校教育研究科学校教育専攻臨床心理学コース修了。
現在，京都大学大学院教育学研究科博士後期課程，神戸芸術工科大学カウンセラー／障がい学生支援コーディネーター。兵庫県スクールカウンセラー，子育て支援事業等にも関わる。臨床心理士，公認心理師。

五十嵐透子（いがらし とうこ） 第7，10章
上越教育大学大学院学校教育研究科臨床・健康教育学系心理臨床研究コース教授

板東郁美（ばんどう いくみ） 第8章
鳴門市教育委員会学校教育課主幹

丸岡美枝（まるおか みえ） 第9章
徳島県　中学校教員

編著者紹介

葛西真記子（かさい　まきこ）

大阪大学大学院人間科学研究科博士課程（前期）修了，University of Missouri, Columbia カウンセリング心理学博士課程修了（PhD）。
現在，鳴門教育大学大学院臨床心理士養成コース教授，SAG 徳島（徳島県のセクシュアル・マイノリティ活動団体）代表。臨床心理士。

主な著書

"International handbook of cross-cultural counseling : Cultural assumptions and practices worldwide"（共著，Sage Publications, Inc., 2009年）
"Reproductive justice : A global concern"（共著，Praeger, 2012年）
『ポスト・コフートの精神分析システム理論』（共著，誠信書房，2013年）
『セクシュアル・マイノリティへの心理的支援──同性愛，性同一性障害を理解する』（分担執筆，岩崎学術出版社，2015年），他多数。

エルジービーティキュープラス
LGBTQ＋　の児童・生徒・学生への支援

2019 年 6 月 15 日　第 1 刷発行
2023 年 1 月 25 日　第 4 刷発行

編著者　　葛　西　真　記　子
発行者　　柴　田　敏　樹
印刷者　　藤　森　英　夫

発行所　株式会社　誠　信　書　房
〒112-0012　東京都文京区大塚 3-20-6
電話　03（3946）5666
https://www.seishinshobo.co.jp/

ⓒ Makiko Kasai, 2019　　Printed in Japan
落丁・乱丁本はお取り替えいたします
印刷／製本：亜細亜印刷㈱
ISBN978-4-414-41655-8 C3011

JCOPY ＜（社）出版者著作権管理機構　委託出版物＞
本書の無断複製は著作権法上での例外を除き禁じられています。複製される場合は、そのつど事前に、出版者著作権管理機構（電話 03-5244-5088, FAX 03-5244-5089, e-mail：info@jcopy.or.jp）の許諾を得てください。

学校安全と子どもの心の危機管理
教師、保護者、スクールカウンセラー、養護教諭、指導主事のために

藤森和美 編著

小学校や中学校で起きる事故や災害に際して、教師や関係者が対処すべきことを集めた。いじめ、不登校、虐待、性暴力、非行など。

目次
1章 学校安全とは
2章 「死」をどうやって伝えるか
3章 死の局面に際して
4章 いじめの危機管理
5章 不登校
6章 虐 待
7章 性暴力被害を受けた子どものケア
8章 性の安全と健康
9章 非行問題
10章 いじめ予防

B5判並製　定価(本体2300円+税)

子どものトラウマと心のケア

藤森和美 編

阪神・淡路大震災やバブル経済の崩壊など、時代の流れとともに、子どもたちをめぐる状況は大きく変化してきている。「キレる」「学級崩壊」などの新語に代表される子どもたちの精神健康の問題を「トラウマ」というキーワードから考える。執筆者はそれぞれのフィールドをもち、地道な実践を重ねてきている。

目次
1 子どもにとってトラウマとは
2 虐待に対するトラウマ反応──単純 PTSD と複雑性 PTSD の違いについて
3 災害と子どものトラウマ
4 トラウマの歴史と PTSD 診断基準
5 加害行動とトラウマ
6 トラウマを受けた子どもの心のケア
7 いじめというトラウマ
8 演劇活動に見るトラウマを受けた子どもの心の癒し
9 子どものトラウマと家族
10 教育と子どものトラウマ──学校の危機管理的心理療法

四六判上製　定価(本体2400円+税)

学校心理学
教師・スクールカウンセラー・保護者のチームによる心理教育的援助サービス

石隈利紀 著

日本における「学校心理学」の体系を提示し、それに基づいて一人ひとりの子どものニーズに応える学校教育サービスの新しいシステムを具体的に示した決定版。

主要目次
第Ⅰ部　理論編──学校心理学の体系
　1 新しい学校教育サービスをめざして
　2 アメリカにおける学校心理学
　　　──スクールサイコロジストの実践体系
　3 日本における学校心理学
　　　──心理教育的援助サービスの体系/他
第Ⅱ部　実践編──心理教育的サービスの実践活動
　8 心理教育的アセスメント
　　　──心理教育的援助サービスの基盤として
　9 カウンセリング
　　　──児童生徒への直接的援助として
　10 教師・保護者・学校組織へのコンサルテーション──児童生徒へのチーム援助として/他

A5判上製　定価(本体3800円+税)

学校でできる アート・アズ・セラピー
心をはぐくむ「ものづくり」

栗本美百合 著

スクールカウンセラーや養護教諭が、今日から活かせるアートセラピーの楽しいアイディアを、豊富なイラストや写真とともに多数紹介。

主要目次
序　章　アートセラピーとアート・アズ・セラピー、そして「ものづくり」
第Ⅰ部　ものづくりのもたらすもの──安心してものづくりの場を提供するために
第1章　居場所づくり
第2章　素材について
第3章　ものづくりのプロセス
第4章　身体感覚へのアプローチ
第5章　日常性と非日常性について
第Ⅱ部　相談室・保健室でできるものづくりメニュー
第6章　簡単な素材や日常の動作でできるものづくり
第7章　絵画の苦手意識を少なくするものづくり

B5判並製　定価(本体1900円+税)

学校臨床に役立つ精神分析

平井正三・上田順一 編

学校現場を読み解き、児童生徒を見守り理解するうえで、精神分析の考え方がどのように活かされ役立つかを、豊富な実践例を通して紹介する。

主要目次
はじめに——教育と精神分析の可能性に向けて
第1章　学校現場で役に立つ精神分析
第2章　学校現場における心理職の専門性
　　　　——学校現場と精神分析の邂逅
第3章　特別支援教育の基礎知識
第4章　スクールカウンセリングに精神分析的観点を利用する
第5章　教室にいる発達障害のある子どもと教員を支援する
第6章　中学校における精神分析的志向性を持つカウンセリングの意義
　　　　——精神分析的あり方をめぐって
第7章　高校生の分離を巡る葛藤と家庭環境
　　　　——高校生の発達課題を踏まえて/他

A5判並製　定価(本体2500円+税)

学校におけるADHD臨床
現場で援助する実務家のための工夫

R.A.ルージー / S.L.デルヴォ / D.ローゼンタール 著
桐田弘江・石川元 訳

学校関係者で発達障碍（ADHD）の子どもに接するひと全てが対象で、授業を含めた学校生活の過ごし方と薬の作用、子どもの理解の仕方を懇切丁寧に最新の医学知識に基づいて解説している。関係者必携の書。

目次
第1章　注意欠如・多動性障害（ADHD）とは、どういったものでしょう？
第2章　実行機能の不全
第3章　ADHDを抱える子どもへの公正な対処
第4章　授業での方策——生徒の成功を導くコツ
第5章　学校でのADHDの振る舞いへの対処
第6章　薬物治療について教師が知っておくべきこと
第7章　親への有効な伝え方

B5判並製　定価(本体2100円+税)

大災害と子どものストレス
子どものこころのケアに向けて

藤森和美・前田正治 編著

臨床、教育、福祉などに関わる専門家による大災害に遭遇した子どもへのケアの仕方を救急マニュアルとしてまとめている。本書は、多くの子どものこころのなかにある恐怖、不安、悲しみ、痛みに精神保健の専門家が力を出し合い協力することによって、被災者や被災者の周囲にいる人を支えようという目的でまとめられている。ケースごとに読みきりとなっていて、どこからでも読めるようになっている。

主要目次
1　子どもが体験する災害
2　乳幼児のストレスマネジメント
3　低学年児童のストレスマネジメント
4　高学年児童のストレスマネジメント
5　思春期の子どもの災害反応
6　子どもにみられやすい身体化症状
7　子どもと睡眠障害
8　災害と発達障害の子ども
9　子どものPTSD診断/他

B5判並製　定価(本体1800円+税)

災害後の時期に応じた子どもの心理支援
被災体験の表現と分かち合い・防災教育をめぐって

冨永良喜・遊間義一・兵庫教育大学連合大学院共同研究プロジェクト 編訳

大規模な国際調査や岩手県でのスクールカウンセラーの活動報告をもとに、子どもたちの表現活動・教育支援のあり方を提言した集大成。

目次
第1章　災害後の子どものストレス
第2章　災害後の世界の心理支援モデル
第3章　災害後の時期に応じた子どもの心理支援――5言語(日本語・英語・中国語・台湾語・インドネシア語)の専門家を対象とした国際調査研究から
第4章　発災から1年の節目を迎えるにあたっての表現活動
第5章　東日本大震災後の学校とスクールカウンセラーとの協働
　　　　――心のサポート授業を通して/他

A5判並製　定価(本体3000円+税)

児童養護施設の子どもへの精神分析的心理療法

平井正三・西村理晃 編
認定NPO法人子どもの心理療法支援会（サポチル）著

過酷な生育歴をもつ施設の子どもが、セラピーで心を取り戻し自ら育みだす過程を、事例を通して解説。各事例のコメントも理解を促す。

主要目次
第Ⅰ部　児童養護施設の子どもの精神分析的心理療法
第1章　総説──児童養護施設の子どもの精神分析的心理療法/他
第Ⅱ部　施設での精神分析的心理療法実践をめぐる諸問題
第8章　児童養護施設での心理療法の特徴/他
第Ⅲ部　紙上スーパービジョン
第12章　人とのつながりについて考えようとしている女児の事例/他
第Ⅳ部　施設職員の支援
第14章　施設と職員へのサポート──ワークディスカッション

A5判並製　定価(本体3800円+税)

はじめてのプレイセラピー
効果的な支援のための基礎と技法

大野木嗣子 著

プレイセラピーに必要なのは理論に裏打ちされた確かな技法である。導入から集結までの技術を具体的に解説した、子どもの臨床家必読。

主要目次
序　章　プレイセラピーの魅力的な世界
第Ⅰ部　プレイセラピーの基本
第1章　遊びのもつ治癒的な力
第2章　発達、愛着、脳と遊び
第3章　プレイセラピーとは何か/他
第Ⅱ部　プレイセラピーの技法とすすめ方
第6章　子どもとのセラピーにおける基本
第7章　トラッキング：行動の言語化──プレイセラピーの応答における基本技法①/他
第Ⅲ部　プレイセラピー実践に必要なことがら
第15章　親への対応
第16章　プレイセラピー部屋・おもちゃ・構造
第17章　プレイセラピスト、逆転移、文化、セルフケアとスーパービジョン/他

A5判並製　定価(本体2800円+税)